低碳旅游理论与实践研究

张亚利 ◎ 著

北京理工大学出版社
BEIJING INSTITUTE OF TECHNOLOGY PRESS

内 容 提 要

本书以旅游为主线展开论述。首先，通过对旅游相关社会现象及气候变化与旅游的关系进行分析，从当下旅游的高碳现象引出低碳旅游概念并对旅游的本质进行探讨与思考；其次，从低碳旅游产品的设计、景区（景点）的开发、文化旅游的开发、低碳旅游服务产业的开发等角度，对低碳旅游的实践路径进行分析探讨。本书可以为广大关心环境与旅游发展问题的读者提供一种新的视角。

图书在版编目（CIP）数据

低碳旅游理论与实践研究/张亚利著.—北京：北京理工大学出版社，2017.12

ISBN 978-7-5682-5047-4

Ⅰ.①低…　Ⅱ.①张…　Ⅲ.①旅游业发展－节能－研究－中国　Ⅳ.①F592.3

中国版本图书馆CIP数据核字（2017）第311755号

出版发行／北京理工大学出版社有限责任公司
社　　址／北京市海淀区中关村南大街 5 号
邮　　编／100081
电　　话／（010）68914775（总编室）
（010）82562903（教材售后服务热线）
（010）68948351（其他图书服务热线）
网　　址／http://www.bitpress.com.cn
经　　销／全国各地新华书店
印　　刷／北京紫瑞利印刷有限公司
开　　本／710 毫米 ×1000 毫米　1/16
印　　张／10
字　　数／201 千字
版　　次／2017 年 12 月第 1 版　2017 年 12 月第 1 次印刷
定　　价／58.00 元

责任编辑／王晓莉
文案编辑／王晓莉
责任校对／周瑞红
责任印制／边心超

前　言 Preface

旅游业是全球发展最快的产业，也是全球经济的重要组成部分。全球越来越多的国家或地区开始重视旅游并在旅游中投入资金用于促进经济发展，旅游已经成为创造就业和创业、出口创收以及拉动基础设施建设的关键驱动力。在当前全球气候变化的背景下，全球旅游业面临巨大的挑战，同时也迎来了新的机遇。

人们的出行方式与旅游意识，往往与气候的变化、人类历史的发展相互作用、相互影响。历史总是无数变化的集合体，而每一部历史都是一部当代史。只是，之后的历史都是由之前的史实发展而来。如果人类及其周边环境总是一成不变，或只是简单地重复进行、单一循环，那世界上的历史就不值得我们细致研究、品读。然而，这终归是假设。事实上，在人类历史发展过程中，人类活动与自然界两者的关系总是变化发展的，变化是一种必然。有时，这种变化会以自然灾难的形式呈现，并危及某些生物种类的生存；有时，这种变化会以文化和经济选择的形式出现，超过自然界的承受力；有时，二者会和谐共存。人类活动与气候变化总是在相互影响、相互作用中不断发展。自然生态的发展为人类社会的发展提供了必要的生存环境，而人类活动也改变了我们赖以生存的自然生态环境。

旅游作为一项重要的人类活动，是人与人、人与社会、人与实践、人与自然的多重互动性体验，既能开阔视野，也能陶冶情操，使人们在感悟自然中获得个人思想境界的提升。而旅游业在迅速发展中，渐渐成为经济社会发展的支撑。无论是应对当前所面临的威胁，还是为将来发展、后代生存做出长远明智的抉择，人们都需要对旅游行为进行反思，同时，人们也需要了解气候变化与旅游的关系。一是为了让自己今后的旅游更加愉快，在了解气候变化与旅游关系的基础上，能够很好地适应旅游中气候变化带来的影响。同样道理，旅游业服务者了解气候变化与旅游的关系，不仅可以为游客提供更好的旅游服务，同时也可以更好地管理旅游景区，防范气候变化为景区带来的影响。二是在当下环境日益恶化的大背景下，保护环境，携手共同应对全人类的这场灾难——气候变化，是每一个公民、企业的责任，无论是游客还是旅游业服务者，每一个个体都需要参与到低碳行动中，否则，人类将自食其果。由此，人们需要了解出行（包括住宿、交通、餐饮、用电、购物消费等）对环境产生的影响，对能源的消耗。作为旅游业从业者，需要在对这些问题进行了解与反思的前提下，改善服务，为消费者提供更低碳的产品。三是通过了解与认识，改变自身的行为，将人类活动对气候变化的影响降到最低。真正的旅游不是走马观花，而是要找到自我，认识自我，学会与自己对话，在与自然、环境和社会的交往中更多地与自己对话。低碳旅游也需要人们用最低碳的方式，寻找释放自我的最佳途径，实现人的自我价值与社会价值的和谐统一！

由于作者水平有限，书中难免会有不足之处，敬请广大读者朋友给予指正。

山东枣庄学院　张亚利

2017年11月

目 录 Contents

第一章　全球气候变化与旅游

清洁的空气，美丽的景色，怡人的气候，往往会提高人们旅游的舒适感和满意度，使人们尽情享受旅途中自然赋予人类的财富。然而，随着气候的变化，人们在旅游中总会遇到突发气候事件。如今，气候变化已是人类迄今面临的最重大也是最为严重的全球环境问题。气候变化会带来极端高温、水资源短缺、频繁的灾害天气，这些不仅会对全球人类活动与健康带来极大的影响，对全球范围内的旅游活动也会造成影响。旅游与气候变化息息相关，旅游业严重依赖自然环境和气候条件，因此，相比其他产业而言，旅游业更容易受气候变化的影响。

第一节　全球气候变化

人们生活在一个全球变暖的时代，无序的人类活动，煤、石油和其他化石燃料的使用，使得大气中的温室气体含量不断增加，这些正在改变着全球气候。

狭义上，气候通常被定义为天气的平均状态，更为严格的定义是：在某一个特定时间段内，对相关量——如温度、降水和风速的均值和变化率所做的统计描述。世界气象组织(WMO)对通常的时间段定义为30年。

广义上，气候指气候系统的状态。因此，通常所指的“气候变化”，简而言之，就是指全球的气候平均值和离差两者中的1个或2个出现了统计意义上的显著变化。

相比之下，《联合国气候变化框架公约》(United Nations Framework Convention on Climate Change，UNFCCC)对于气候变化的定义被更为广泛地使用和提及。《联合国气候变化框架公约》是1992年5月在联合国总部纽约通过的，同年6月，在巴西里约热内卢举行的联合国环境与发展大会上正式开放签署。《联合国气候变化框架公约》的最终目标是“将大气中温室气体的浓度稳定在防止气候系统受到危险的人为干扰的水平上”。根据《联合国气候变化框架公约》，“气候变化”所指的主要是自然气候变化率之外的，可直接地或者间接地归因为人类的活动所造成的，反映气候状态的指标的变化。

人们对气候变化问题的关注起源于20世纪70年代，当时“环境破坏”列入许多重要环境组织的议程。而20世纪70年代的环保意识又与20世纪60年代的“嬉皮士运动”和“绿色运动”密切相关。这个时代出现了像地球之友(Friends of the Earth，FOE)和绿色和平组织(Green Peace)这样的组织，它们当前已经成为应对气候变化的推动力量。有趣的是，在20世纪70年代，人们主要担忧的环境问题不是全球变暖，而是全球变冷。虽然目前还有许多质疑，但全球变暖的科学性已经被普遍证实。毋庸置疑的是，人口增长已经对地球及其资源产生了不可避免的影响，气候变化与未来全球经济的成功密切联系在一起。

目前已有证据表明，全球范围都正在经历一个气候逐渐变暖的重大过程，并且这种变化仍将持续。政府间气候变化专门委员会第四次评估报告指出，最近100年(1906—2005年)全球平均地表温度上升了(0.74±0.18)℃，近50年的线性增温速率为0.13℃/10年，过去50年增温速率几乎是过去100年的2倍，1850年以来最温暖的12个年份中有11个出现在近期的1995—2006年。政府间气候变化专门委员会指出：“气候系统发出的警告毫不含糊。”由于气候逐渐变暖，1995年英国有65种鸟的产卵时间比1971年平均提前了8.8天。1998年墨西哥的一场山火烧掉了50万平方千米干旱的森林。2003年欧洲出现了近500年以来最严重的热浪，不仅造成世界谷物减产，而且9个国家5万多人的生命因此而结束，仅意大利就有1.8万人丧生，而法国则有1.48万人因热浪丧命，这场热浪袭击欧洲所导致的死亡人数，比“9·11”事件的死亡人数高出17倍以上。2001—2005年，全球气温平均每年大约上升0.76华氏度①。这5年的气温上升程度虽然在总数值上与1850—1899年的数值相同，但是所间隔的年数却短得多。

1961年以来的观测结果表明，全球海洋温度的增加已延伸到至少3 000 m深度，海洋已经吸收80%以上增加到气候系统的热量，这一增暖引起海水膨胀，并造成海平面上升。冰川、冰帽的大量融化和海洋表面温度的上升，致使海平面在1961—2003年每年上升1.8 mm。1993—2003年，全球海平面大约每年上升3.1 mm。

政府间气候变化专门委员会认为，自20世纪中叶以来，大部分观察到的全球平均气温的增长，极有可能(大于90%的概率)是人类活动向大气层排放的温室气体增多的结果。可辨别的人类活动影响已扩展到了气候的其他方面，包括海洋变暖、大陆平均气温上升、极端气温的出现以及风灾的增多等。

---

① 1华氏度≈−17.22摄氏度。

一、气候变化与物种灭绝

历史的轨迹与时间的轨迹同步，带给人类永恒遗憾的往往是已过的昨日一去不复返，而且人们也永远无法重新来过今日。人类气候变化的历史发展也是同样道理，生活在当下的人们，永远无法感知历史上的气候变化，而唯一追忆它的方式，或许就是寻找历史遗迹或残骸，重新探析人类历史及人类活动。

2014 年 5 月，美国得克萨斯州的农民在田间挖地时偶然发现了一具有 2 万～6 万年历史的猛犸象遗骨，考古学家判断，其身高为 2.7 m。猛犸象又名长毛象，曾是世界上体型最庞大的动物之一，约 1 万年前陆续灭绝，这被视作最近一个冰川时代结束的标志。

猛犸象体重为 2 万磅，象牙长 16 英尺①，生活在末次盛冰期(LGM)。这个时期，世界上大多数地区都处于严酷的冬季，遍地覆盖着由北方寒冷极地延伸来的巨大笨重冰层。冰块从海洋中吸收海水，使海平面降低了近 400 英尺。对于生活在那个时代的猛犸象而言，它们的生活完全不受影响，因为它们用 3 英尺长的浓毛来抵御寒风，并用 3 英寸厚的脂肪来保暖。

猛犸象的生命力如此强大，适应性极强，它们为什么还会灭绝？猛犸象的崛起与衰弱和冰川时代的崛起与衰弱息息相关。其崛起开始于距今大约 30 万年前，当时，地球开始经历气候逐渐由暖向冷的转变，距今大约 2 万年前，末次盛冰期达到顶峰。在那之后超过 1.2 万年的时间里，大量的冰块融化了，海平面升高了大约 400 英尺，而地球的温度则升高了大约 11 华氏度。化石证据显示，在末次盛冰期的顶峰，猛犸象在欧洲、亚洲、北美洲各地都留下了踪迹。它们适应冰河时代末期的寒冷气候，以致在当时的西伯利亚部分地区，猛犸象的平均数量密度达到了大约每 40 平方英里② 60 只(海蒂，卡伦，2015)。但从那时开始，它们周边气候逐渐改变，猛犸象也随之消失了。科学家们用“物种灭绝”来表达气候与物种之间的联系。

猛犸象是冰河时期的代表，同样也是“物种灭绝”的一个代表。它的灭绝，不仅仅需要人类反思一个种群在世界发展史上消失的原因，更需要人们反思气候变化背后的原因，以及如何更好地保护地球、保护环境，在适应变化中爱护家园。

二、全球气候变化的原因

猛犸象灭绝后，气温有一段骤然升高的时期，这种状态维持了长达 8 000 多

---

① 1 英尺≈0.30 米。

② 1 平方英里≈2.59 平方千米。

年。这段时期的气温一直在20世纪初期时的气温上下小幅波动，这样的气候给予了人类发展的良好条件。但是到了1300年后，气温骤然下降，这段历史大约持续到1850年。这段时期，无论是中国还是欧洲，气候在某种程度上改变了历史的发展。小冰期的欧洲，经历了维京人的海上传奇，波澜壮阔的工业革命，拿破仑战争的惨败，西班牙无敌舰队的意外覆没，爱尔兰的土豆大饥荒……而在中国，重大气候灾害也时常发生，并引发了社会危机。17世纪的小冰期，崇祯大旱引发的李自成起义导致明朝的灭亡，19世纪小冰期阶段内西南大旱引发的太平天国运动，对清朝的社会经济造成了重大影响。

在对气候变化现状与历史了解的基础上，人们需要进一步探究气候变化的原因。

气候系统是一个复杂的系统，它主要有5个组成部分：大气圈、水圈、冰雪圈、地表以及生物圈。从地球自身演化的历史进程来看，自地球大气圈形成以后，气候就一直在不断地发生变化，温度的上升与下降不断形成冷暖交替现象。正如最近10亿年以来，地球上出现的寒冷期与温暖期不断交替、变化。我国20世纪20年代、50年代至70年代中期，属于相对寒冷期；而30年代至50年代、70年代中期以来则为相对温暖期(高庆华，2007)。

气候系统既受到自身内部动力学因素的影响，也受到外部强迫因素的影响，如火山喷发、太阳活动等，而且受到人为的强迫性因素的影响。例如，由于人类经济活动而导致的不断变化的大气成分，以及人类对土地、水等资源的开发与利用方面的变化等。

如前所述，全球气候变化的原因可分为自然原因和人为原因两大类，但应更关注人为因素。

人类活动导致大气二氧化碳(CO_2)等温室气体浓度的不断升高，被认为“很可能”是全球气候变暖的主要原因(IPCC，2007)。最近50年的气候变化主要是由人类活动驱动这一结论的可信度已由原来66%的最低限度提高到目前的90%。政府间气候变化专门委员会第四次评估报告指出，1750年以来，由于人类活动的影响，全球大气CO_2、甲烷(CH_4)和氧化亚氮(N_2O)浓度显著增加，当排放总量大于所能清除的总量时，地球大气中温室气体的浓度会逐渐增加。目前总浓度已远远超出了根据冰芯记录得到的工业化前几千年内的浓度值。

CO_2是最重要的人为温室气体，全球大气CO_2浓度已从工业化前的约280 ppm，增加到2008年的385.2 ppm，2009年达到387.35 ppm；自工业化以来，化石燃料的使用是大气CO_2浓度增加的主要原因(IPCC，2007)。同时，全球大气中CH_4浓度值已从工业化前的715 ppb增加到2008年的1 797 ppb，是距今65万年以来的最高值，观测到的CH_4浓度的增加很可能源于人类活动，农业和化石燃料的使用是其重要来源。全球超过 1/3 的 N_2O 源于人类活动(葛全胜和方修琦，2011)。

正如《联合国气候变化框架公约》所指出的那样："(令人)感到忧虑的是，人类活动已大幅增加大气中温室气体的浓度，这种增加增强了自然温室效应，平均而言将引起地球表面和大气进一步增温，并可能对自然生态系统和人类产生不利影响。"自从人类社会步入工业文明阶段之后，全球温室气体的排放在不断地增加。政府间气候变化专门委员会第四次评估报告显示，1970—2004 年，全球的温室气体排放已经增加了 70%。

此外，地球大气中温室气体和气溶胶的浓度、地表覆盖率和太阳辐射的变化改变了气候系统自身的能量平衡，所以其成为气候变化的驱动因子，这同样是全球气候变化的重要原因，如全球暗化。全球暗化是指 20 世纪 50 年代以来出现的一种现象，即被地球表面吸收的太阳光照量在逐渐减少。造成全球暗化的主要原因还是人为因素。一是因为人类工业生产、地面运输活动中排放的各种悬浮微粒。悬浮微粒具有吸收太阳光并反射太阳光到外太空的作用。日益严重的空气污染产生的悬浮微粒成为云滴的核子，并造成云滴数量的增多，形成了大量遮挡阳光进入地球的云雾。这些云雾不仅阻截了太阳光照量，也阻截了地球反射回外太空的能量。这一现象所产生的影响是复杂的，随着维度、区域、时间的不同而不同。一般来说，云雾在白天主要起到冷却作用，阻截太阳光的照射，在晚上则起到阻截地球散热的作用(王璟珉，2013)。二是因为飞机高空飞行留下的凝结尾流。由于全球航运的迅速增长，人们一直没有找到机会对此进行验证。美国"9·11"事件后的三天，全国停止了所有商用飞机的升空，给科学家提供了难得的验证机会，通过分析发现美国境内 48 个州在这三天内少有云、少有凝结尾流、白天温度更高，晚上温度更低，日温差增加了 1%，这在一定程度上说明了飞机凝结尾流对降低地球表面太阳光照量的作用。

无论是人类工业生产，还是陆运、航运等交通活动，都会消耗大量煤、石油、天然气。煤、石油、天然气是目前全球最主要的消耗能源，2006 年在全球能源结构中占 87.9%，中国高达 93.8%。像化石一样，它们是千百万年前埋在地下的动植物经过漫长的地质年代变化形成的，它们的主要成分是碳氢化合物或其衍生物，因此也被称为化石能源或碳基能源。200 多年来，人类依赖碳基能源创造了很多人间奇迹，但它们燃烧过程中排放的大量 CO_2 和 SO_2 等温室气体，是造成大气褐云、灰霾、酸雨和温室效应的罪魁祸首，同时大部分碳基能源将在 21 世纪内被开采殆尽。现在每年的碳排放，足以使大气中的碳含量增加 80 亿吨，其中大部分有可能在大气中留存 100 年甚至更长。

因此，如何改变人类活动的方式，以及改变碳基能源作为人类社会基本动力来源的状况，是我们当下必须思考、面对的一个重要问题。

三、全球气候变化带来的影响

工业革命以来，人类活动特别是发达国家工业化过程中的化石燃料燃烧、毁林、土地利用变化等导致大气温室气体浓度大幅增加，温室效应增强，从而引起全球气候变化。气候变化主要表现为全球气候变暖、酸雨出现、臭氧层破坏，其中全球气候变暖是人类亟须解决的问题。全球气候的变化，不但可能造成极端气候事件或气象灾害的加剧，威胁人类健康，更有可能威胁人类社会的发展。

气候变化不仅会导致灾害性气候事件频发，如干旱现象增多、水和风暴所造成的经济损失不断增大、冰川和积雪融化加速、水资源分布失衡、海平面上升，从而使生物多样性受到威胁；低纬度地区的谷类作物产量可能会下降，对农、林、牧、渔等经济社会活动都会产生不利影响；加剧疾病传播，威胁社会经济发展和人民群众身体健康。而热浪、洪水、干旱等灾害事件也无疑会导致人口发病率和死亡率的上升。例如，1995 年芝加哥的热浪导致 500 多人死亡，1993 年美国一场大风就造成 400 亿美元的损失。

据政府间气候变化专门委员会报告：如果温度升高超过 2.5 ℃，全球所有区域都可能遭受不利影响，发展中国家所受损失尤为严重；如果升温 4 ℃，则可能对全球生态系统带来不可逆转的损害，造成全球经济重大损失。

据 2006 年我国发布的《气候变化国家评估报告》，气候变化对我国的影响主要集中在农业、水资源、自然生态系统和海岸带等方面，可能导致南方洪涝灾害加重、北方地区水资源供需矛盾加剧、农业生产不稳定性增加、森林和草原等生态系统退化、生物灾害频发、生物多样性锐减、台风和风暴潮频发、沿海地带灾害加剧、有关重大工程建设和运营安全受到影响。科学观测表明，大气中各种温室气体的浓度仍在持续增加，如果世界能源消费的格局不发生根本性变化，全球气候变化将进一步加剧，其对人类生产生活的影响将进一步增强。

第二节　气候变化与旅游的关系

温和爽朗的天气，和煦明媚的阳光，与奇峰、洞穴、海滩、森林一样对游客有极大的吸引力，是宝贵的旅游资源。被称为“旅游王国”的西班牙，就被形象地描述为“向世界出售阳光、海水、沙滩”。然而，气候变化的趋势已成现实，且未来可能更加严重。随着旅游业的日渐繁荣，旅游人数日渐增多，旅游作为人类社会活动的一项重要内容，它与气象气候的关系愈加密不可分。联合国世界旅游组织和联合国机构，如政府间气候变化专门委员会连续召开了三届国际气候变化和旅游会议，并将2008年世界旅游日的主题设为“旅游：应对气候变化挑战”。气候变化与旅游，二者是相互影响、相互作用的关系。气候的变化对旅游造成一定影响；然而，旅游人数的增多，人们出行中的交通、住宿、餐饮、消费等一系列行为，也会对气候变化造成一定的影响。

气候是一种重要的资源，它是旅游资源不可缺少的一个组成部分，也是旅游活动的重要影响因素之一。旅游景区的自然风光、最佳旅游季节的选择等，都与气候密切相关。气候不仅具有特殊的景观功能，还可以增加旅游的特色。政府间气候变化专门委员会第五次评估报告，第一次把气候变化对旅游业的影响放到一个非常重要的位置。

“旅游气候”最早由芝加哥大学教授Hibbs于1966年提出，他认为旅游气候是在不同时间和空间会产生有利或不利影响，能为旅游开发利用，能被评估的旅游资源。卢云亭(1988)认为“气候旅游资源”包括妨碍旅游活动、破坏自然美景的气候条件，提出风景气候和风景气象的概念，并指出风景气候和风景气象专指可以造景、育景，并有观赏功能的大气物理过程。甘枝茂和马耀峰(2007)指出“凡能够吸引旅游者产生旅游动机，并可能被用来开展旅游活动的各种自然、人文客体或其他因素，都可称为旅游资源”。缪启龙(1999)提出“旅游气候资源”的概念，认为“所谓旅游气候资源是指具有满足人们正常的生理需求和特殊的心理需求功能的气象景观和气候条件，是任何一个旅游环境必不可少的重要构成因素，是一种特殊的旅游资源”。

当前之所以要应对气候变化，不是因为变化本身，而是因为变化的指数式速度以及它的影响。这些变化对旅游业的影响如何很难计算，只能辨识出一些趋势，以促使旅游发展模式的转变。

一、气候变化对旅游的影响

根据近些年的新闻报道，似乎气候变化在以前没有发生过。实际上，在历史记载中，气候变化一直在发生，并且物种的出现与灭绝也不是新鲜事物。如果没有气候变化，人类或许就不会在地球上出现，或许正是气候变化的灾难才使得人类得以进化。随着1992年巴西里约热内卢会议上《联合国气候变化框架公约》的签订，包括旅游业在内的经济发展和环境保护的不可分割性被世界各国广泛接受。

气候变化不仅会危及全人类的健康与活动，也影响着全球范围内的旅游活动。2009年2月的哥本哈根世界气候变化大会上，联合国世界旅游组织与世界旅游业理事会联合举办了“应对气候挑战——旅行和旅游行业的思维”的主题边会，积极宣传旅行和旅游行业在节能减排方面的有效措施。正如联合国世界旅游组织秘书长所言，“气候变化是真实存在的，它的影响已经得到证实。旅游部门必须在寻找对策方面起到积极的作用”(刘春燕等，2010)。

气候变化的科学已经提供了一些有益的预测，这些预测与旅游业和旅游产品有关系。这些预测可归纳为：①天气模式的变化；②更多干旱；③更多极端天气；④水平面上升。

这些预测看似很简单，却可能会造成经济活动尤其是旅游业的重大变化。天气是一种重要的旅游资源，也是游客选择旅游目的地时的重要考量因素，因此，天气模式的变化会危及旅游业。

与农业、保险业、能源业和交通运输业的情况相似，旅游业是一个对气候高度敏感的经济产业，且气候变化与旅游目的地和旅游者高度相关。天气与气候是影响游客选择出行时间及出行目的地的重要原因，也是旅游业发展的重要环境因素。人们大多会选择良好的天气和气候外出旅行，这对旅游业的发展具有激励和促进作用；而恶劣或极端的天气和气候，可成为人们户外活动的限制性因素，干扰和影响旅游业的发展；一个地区旅游气候舒适性及持续期的长短，是影响游客目的地选择和旅游季节长短的重要因素。笔者将从如下几方面详细探讨气候变化对旅游的影响。

第一，气候变化会对旅游个人造成最直接的影响，无论是从生理、心理还是物质上。按照马斯洛的需求层次理论，“受尊重”和“自我实现”的需求导致人们的出行活动。此外，旅游者还需要满足生理需求，且不同层次需求的满足对气候的要求不同。旅游者生理满意度受气候的影响大，因此，气候资源同其他自然资源一起构成整体旅游资源和旅游服务，成为满足旅游者需求的要素之一，良好的气候条件是对旅游地资源的有益补充。

有研究表明，最适宜人类活动的气候月均气温为 15 ℃～18 ℃，该温度能使人心情舒畅，精力充沛，即所谓的“康乐气候”。针对不同的人群，气候对健康的影响也不一样。因此，气温适宜与否是人们外出旅游时首先考虑的气候因子，直接影响着旅游气候的舒适度。气温过高会使人感到身体不适，易造成疲倦感，甚至心情烦躁，体力不支。如果是冬天，气温过高，病毒性感冒等很容易传播；气温过低，行动不便，体弱者容易患病。在天气由炎热骤然变冷时，游客的健康状况必然会受到影响，尤其是抵抗能力比较弱的儿童和老年人。在这种情况下，很多游客会因天气原因，提前离开旅游地，从而也降低了对该地的旅游体验满意度。

全球旅游热点地带多集中于地中海沿岸和加勒比海附近，就是因为那里气候温暖，有充足的阳光和温度适宜的海水，为欧洲寒冷、潮湿、少阳光地区的人们提供了避寒、娱乐的佳境，在这里，气候成为决定因子。我国三亚、昆明、广州及太湖等地成为旅游热点地区，不仅是因为当地景色秀美、物产丰富，更具有决定性的因素是当地适合旅游的气候环境。再如我国内蒙古，内蒙古属典型的中温带季风气候，寒暑变化剧烈。由于这里夏季凉爽，空气新鲜，每年6月为旅游旺季，海内外大批游客前来观光草原、游走沙漠、体验民俗风情。呼伦贝尔大草原2010年旅游接待人数达980万人次，其中70%的游客集中在夏季。北京属于典型的温带大陆性气候，四季分明。冬季气候寒冷干燥，多刺骨寒风，初春时由于气候干燥且受沙尘暴天气影响，入境游客数量大大减少，2010年2月入境游客数量仅234 013人次。而同年5—9月份北京市处于气候舒适期，有暖风，较凉爽，便于人们开展各种外出活动，因而入境游客数量较稳定，在40万人次左右波动(中国旅游研究院，2014)。

经济的发展，人们生活水平的提高，使得人们对气候环境质量的要求逐渐提高，人们更在意出行中的人体舒适度。人体舒适度是指以人类机体与近地大气之间的热交换原理为基础，从气象角度评价人类在不同气候条件下舒适感的一项生物气象指标。一般而言，大多数旅游者会选择在适宜的气象气候条件下出行，冷暖适度、风和日丽、天高气爽的天气会让人们有一份更好的心情外出旅游，也为人们外出提供了很多便利。不同季节、不同的天气，人们对气候环境的感觉不同，人们常常会冬天避寒，夏天避暑。

从心理角度而言，气候变化也会影响旅游者的心理决策与目的地的选择。旅游者会权衡旅游地的自然景观、气候条件、环境质量、基础设施、服务和价格等要素，做出最佳的选择。旅游前，人们首先会收集各种旅游地的信息，根据自己的主观偏好做出旅游决定，这个过程称为旅游决策行为。旅游者在选择旅游地时会受到感知环境的影响，而气象气候条件则是游客最直接的旅游环境感知，因此，旅游地气象气候条件直接影响着游客的旅游决策行为。若某一旅游地经常发生气象灾害，人们自然就会对该旅游地的环境形成较差的印象。例如，暴雨形成区或洪水多发区会给旅游者造成较大的心理压力，人们便很少去该地旅游。

2006年海南三亚假日旅游市场的接待人数为13.03万人，首次出现负增长，同比下降82%，旅游总收入为2 145亿元，同比下降约12%，旅游饭店的出租率仅为56%，这是由于遭受强台风的袭击，琼州海峡被迫停航，游客无法进入三亚，从而放弃了旅游出行计划。2007年，云南省迪庆藏族自治州德钦县的梅里雪山景区发生了严重的雪崩事故，7人受伤，1人死亡，这使得很多原本以该景区为目的地的游客改变了行程。

在空间行为方面，旅游者会考虑现实的天气情况是否适合已选定的某项旅游活动，从事该项目是否安全和舒适。例如，狩猎爱好者出行前会了解天气预报，因为狩猎一定程度上取决于当时的天气状况，如温度、风速、日照强度和降雨量等，不利的气候组合下则有必要取消行动计划。近几年，我国雾霾加重，空气质量下降，对我国国际旅游也造成了一定影响。据《2015全球旅游报告》显示，2014年国际游客到访量和旅游收入方面，法国、美国、西班牙和中国继续居全球前列。虽然中国以5 560万人次国际游客到访量，继续稳居第四位，但同比游客量出现10%的下降。旅游者对于短期内发生过气象灾害又无法准确预估未来气象情况的旅游目的地往往抱着消极态度。

趋日性是影响旅游者心理决策的重要因素。人们会选择有着明媚阳光和温暖气候的地方旅游。例如，很多人前往西班牙旅游，正是因为那里拥有充沛的阳光和宜人的温度。阴霾、低沉的天气虽有利于滑雪场雪层的保存，但是滑雪爱好者更喜欢在阳光明媚时出游。再如利马，利马有一个很特殊的现象，就是终年不下雨，故有“无雨之都”之称。利马各类屋宇都没有屋檐，街上见不到排水沟，商店里也不卖雨具。然而，属于沙漠气候的利马并不干旱难耐，因受太平洋暖流的影响，每到冬季，利马上空通常是大雾弥漫，灰蒙蒙一片，空气湿度一般在90%以上。人在户外停留时间久了，会感到衣服潮湿，因为空气中飘浮着极细小的水分子，当地人称为“毛毛雨”。就是在夏季，早晚空气的湿度也不低(陈久长，2009)。这样一种独特的气候条件对游客而言是很有吸引力的，既不用担心下雨，也不必担心干燥。2008年年初，我国南方发生低温雨雪冰冻灾害，南方地区部分铁路停运，高速公路被迫关闭，航班延误，2 500多公里的旅游道路招致不同程度的损害，致使数百万旅客滞留在车站和机场等地，大约有1.6万名游客被迫退出旅游团。这场气象灾害导致了全国许多省份的春节旅游人数和旅游收入大幅下滑。

此外，天气会对人们出行的交通造成影响。旅游交通是为人们从客源地到旅游目的地的往返，以及在旅游目的地各处旅游活动而提供的交通设施和服务。旅游交通和气象气候的关系极为密切，从航空旅游交通而言，强大的与跑道方向垂直的侧向风将造成飞机起降时滑出跑道，大雾使飞机无法起降；对铁路、陆面旅游交通而言，暴雨暴雪往往会造成水灾、雪灾，阻断交通，大风使汽车无法前进，大雾使高速公路关闭；飓风和大雾也严重影响水路旅游交通。

第二，气候变化对旅游资源有影响。气候的地域分布差异导致旅游气候资源具有明显的地域分布特征，从而形成各具特色的旅游资源。旅游气候资源有不同的功能，主要有以下四类：①观赏景观，包括物候景观如云雾景观等；②保健医疗，如森林浴、阳光浴、避暑、避寒等；③体育运动，如漂流、滑雪等；④科学考察等。在进行旅游气候资源的开发时，不仅要进行游览观赏等较低层次的项目开发，还应进行深层次、多层次的项目开发，加大旅游活动的深度和广度。气候条件作为重要的旅游资源，最直接的气候影响体现在以下几方面：首先，它与其他资源一起，共同决定着某一地区旅游活动场所的适宜性，影响着游客的出游决策和行为；其次，它是全球各地旅游需求季节性波动的主要形成原因，影响到旅游流的年内时空变化；最后，气候条件对经营成本，如供暖和制冷、造雪、灌溉、食物和水的供给以及保险费等，也会产生重要影响。

旅游业的发展无疑是非常依赖自然资源、生态环境以及气候条件的。从旅游活动的客体——旅游资源来看，旅游资源是吸引旅游者的直接因素。避寒旅游气候资源、避暑旅游气候资源和疗养旅游气候资源(如 2009 年评选出的中国十佳避暑旅游城市：贵阳、昆明、哈尔滨、丽江、西宁、六盘水、承德、兰州、毕节城市群、烟台)，往往对旅游者有较大的吸引力。

在某种程度上，气候变化导致的一些气象景观也是一种旅游资源。气象景观变幻莫测，使得大自然更加生动、美丽，所以拍摄出与众不同的气象景观也成了很多摄影爱好者旅游的目的。云雾缭绕、如梦如幻的云海，光芒四射的佛光，一望无垠的雪山，七色分明的彩虹……这些宝贵的旅游资源，为人们的旅行增添了很多乐趣。气候对旅游的贡献不仅体现在造景上，也体现在宜人的气候条件下，人们无须借助任何消寒或避暑装备与设施，就能保证一切生理过程正常进行。宜人气候一般有四种：避暑型气候(山地高原、海滨型、高纬度型)、避寒型气候(多在热带、亚热带的海洋性气候区)、阳光充足型气候、四季如春型气候。

此外，逐渐变暖的全球气候还会导致冰川消融，进而影响到冰雪旅游景观，以及江河湖泊、温泉瀑布等旅游资源。由于全球气候变化所伴随的温度、降水以及风速等因素的不断明显改变，从动植物的生长和分布，到建筑物和各种历史遗迹场所的维修和保护，都会受到明显的影响，而这一切都在事实上直接改变着我国旅游资源的分布状况。例如，我国西南地区有很多珍稀物种，它们对环境变化的适应能力差，气候变化很可能导致珍稀物种的灭绝。滨海地区的沙滩、海岛、珊瑚礁等是对游客具有极大吸引力的旅游资源，但由于全球气候变暖，部分地区面临着海平面升高、水资源可利用量降低、生物多样性减少、景观美学价值降低、自然灾害增加、海岸带侵蚀和灌水泛滥、基础设施损坏、传染病发生率升高的威胁，很多美丽的岛屿海滩会被海水淹没；海岸带被侵蚀，海岸带的基础设施会遭受毁坏。科学界曾公布了由于气候变暖受影响的 500 个濒危的著名旅游景点，包括意大利威尼斯、美国夏威夷、澳大利亚大堡礁、埃及金字塔、南北极万年冰川、美国和加拿大的沃特顿冰川国际和平公园、秘鲁昌昌古城地区等，那些“命悬一线”的人间奇迹即将在地图上被抹去。这种损失是巨大的、无法挽回的，因为这些旅游资源一旦遭到破坏将无法再生。

史密斯在研究天气、气候对消遣和旅游的影响时将一些与气候联系密切的项目称为“气候敏感性”活动。例如，徒步旅行、漂流、打高尔夫、狩猎、钓鱼和攀援等，都属于“气候敏感性”旅游项目。对于“气候敏感性”旅游项目而言，良好的气候条件尤为重要，直接影响到项目开展的可能性。因此，为了避免气候条件的影响，一些度假村除设置此类型的旅游项目之外，还配备相当数量的室内娱乐项目，目的在于规避不良气候对户外活动的干扰，以降低不良气候对度假村经营效益的影响。旅游地经营的成功与否取决于旅游者的满意度高低，良好的气候条件可强化旅游者的满意度，恶劣的气候条件弱化其满意度。

第三，气候变化对整个旅游业也会造成影响。人们认为，气候变化在某种程度上会给一些国家的未来经济增长和政治稳定带来威胁，《斯特恩报告：气候变化经济学》中断言，虽然全球气温上升1℃时，可能对全球的GDP有益，但如果上升幅度更大，则最终将会降低全球经济的增长速度。该研究报告中还得出一个残酷的结论：过度的气候变化可能导致21世纪末或22世纪初期时的人均消费量减少20%。任何因气候变化而引起的全球GDP的减少，都可能会降低消费者用于外出旅游的可自由支配收入，从而会对未来旅游业的发展产生消极影响。旅游业涉及范围较广，气候变化不仅会对旅游市场、旅游服务体系造成影响，也会对旅游相关服务管理人员的决策造成影响。

气候作为影响旅游业发展的关键因素之一，与地理位置、地形、景观、动植物、天气等构成了一个旅游地的自然旅游资源。Hibbs(1966)认为旅游气候随时空变换，既是旅游的支撑环境，又是吸引游客极富价值的旅游资源。1999年，在国际生物气象学会(ISB)悉尼大会上，为促进旅游气候学的研究，成立了世界生态气候学协会气候、旅游与游憩委员会(ISBCCTR)。2001年，ISBCCTR首次在希腊召开第一次正式会议，标志着旅游气候作为"影响旅游者选择的重要因素"，已经受到世界各国的普遍关注。

二、相关国际组织关于气候变化对旅游业影响的分类

联合国世界旅游组织、联合国环境规划署(UNEP)与世界气象组织(WMO)曾将气候变化对旅游业的影响分成四大类：直接的气候影响、间接的气候及环境影响、对旅游流的影响以及社会影响(Scottetal，2008)。

(一)直接的气候影响

直接的气候影响包括与气候相关的推拉因素变化、由气候变化引起的运作成本的变化以及极端天气事件形成的变化。气候本身就是一种基本的旅游资源，它与其他因素一起决定着一系列旅游者活动的适宜位置，而且它还是旅游季节性需求的基本推动力。对于很多旅游目的地来说，良好的气候条件本身就是很好的吸引物，对旅游者具有很强的"拉动"作用。因为气候的变化，景区的"拉动"因素也在变化，以海滨旅游地为例，以前占主导的"温暖的气候"的重要性在下降，而"新奇的经历"的重要性在不断上升。有些旅游区，如地中海地区和北欧地区，影响旅

游者出游决定的推拉因素甚至出现颠覆性变化。

鉴于气候变化对旅游资源等方面的影响，出入境旅游肯定会首先受到一定程度的影响。旅游现在可以很快地从地球上的一个区域转向另一个区域，从而对没有重视气候变化问题的旅游目的地造成经济冲击。进一步地，由于不同地区本身的气候差异性，以及全球气候变化对不同地区的影响程度不同，各个地区的旅游市场所受到的影响程度一定也是有差别的。例如，一些主要依赖夏季旅游的地区，可能会得益于气温的升高，因为这很可能意味着夏季旅游时间的延长。然而，假如由于气候变化导致更多的气候极端事件，那么旅游市场必定会受到更多的消极影响。因为这些极端事件无疑会引起旅游供给与需求的同时变化，而且这些变化往往都是以负面影响的形式出现的。

例如，欧美旅游者传统的夏季度假地——地中海地区，其夏季旅游的吸引力在减弱，春季和秋季的吸引力在增强；北欧则正在成为旅游者夏季的度假胜地。这就意味着，在夏季，越来越多的旅游者会从南欧前往北欧，以躲避地中海地区夏季炎热的高温。过去20年，阿尔卑斯山地区变幻莫测的降雪使许多游客转移到了全球其他目的地，这不仅使加拿大和美国的旅游目的地受益，而且对滑雪旅游市场产生了重大影响——人工造雪已经成为大多数重要滑雪用地的“标配”。这表明，气候变化会造成旅游市场和旅游目的地的意外变化。在温室气体高排放背景下，很多旅游城市季节性旅游市场的接待量不断减少，市场争夺日趋激烈，预计一些城市到了21世纪后半段情况会更糟。

气候变化对于旅游运作成本的影响，主要体现在旅游企业冷气与暖气、制冰、灌溉和供水以及每年的保险支出等方面。以酒店业为例，普通酒店的能源已经占到酒店毛收入的3%～6%，一些豪华酒店的甚至占到了10%，一些传统的滑雪旅游胜地，如阿尔卑斯山脉，自20世纪80年代开始持续减少的降雪，已经严重威胁到阿尔卑斯山地区冬季的旅游收入，仅有44%的滑雪场能够获得足够的雪，为此，有很多滑雪场不得不搬迁到更高海拔的山区。因为气候变化导致降雪减少，很多滑雪场不得不人工造雪，导致成本大幅增加。以丰富的珊瑚礁资源为主要旅游吸引物的岛国及海滨潜水旅游胜地，也因为海水温度的升高导致的珊瑚白化甚至死亡而受到影响，不得不投入成本，采用人工养殖珊瑚的方式维持旅游业的发展。

气候变化对旅游业的第三个直接影响表现在极端天气事件导致的一系列变化。政府间气候变化专门委员会曾经指出，如此多极端天气的出现，很可能就是气候变化的结果。极端高温、强热带风暴、严重干旱等，都会给旅游业带来损害。例如，强热带风暴可以通过破坏基础设施、额外的应急计划以及提高包括保险、营救等支出在内的运作成本来影响旅游业。以2010年12月北欧地区的反常降雪为例，这场降雪使当地交通陷入混乱，导致北欧地区的许多机场关闭，从而造成了巨大的旅游损失。

(二)间接的气候及环境影响

因为环境和气候资源对于旅游业来说可谓至关重要，所以，这些资源出现的任何变化都会对旅游业产生无法避免的影响。气候变化导致的水资源短缺、冰雪覆盖减少、生物多样性的丧失、目的地风景资源的退化、食品安全问题、基础设施及旅游服务体系破坏等，都可以间接影响到旅游业。联合国环境规划署就曾指出，旅游业是“用水大户”，水资源短缺或者浪费，对旅游业的影响都可能是致命的(Scottetal，2012)。水资源的短缺导致一些地方的瀑布减少甚至消失，一些水上运动及高尔夫项目被迫取消。因为海平面的上升，一些海滨湿地旅游区正受到威胁；而一些内陆的水体休闲旅游区，也会因为缺水或者发生洪水而生意惨淡。

旅游服务体系的完善在旅游业发展过程中起着极为重要的作用，没有优质和高效的旅游服务，许多旅游活动事实上是根本无法大规模开展的，甚至根本就不能开展。对于一些山区景观旅游项目，部分山区可能自古以来就没有比较便捷的通道，地势往往十分险要，前往这些地区的旅游者一般都是很少的，因为它带有相当程度的危险性。但是，现代旅游业的发展，不但使得这些地区有了便捷的通道，而且安全系数也大大提高，这样才使得旅游人数的大规模增加成为可能。

除了交通设施以外，山区旅游通信保障也很重要。现代社会中紧张的快节奏的生活，使得处于都市中的人们非常热衷于“乡村游”，或去一些交通不十分便捷的比较偏僻的地区旅游。由于习惯了都市生活的人们不可能都具有很好的野外生存能力，一旦陷入野外的环境而与他人失去联络，就可能意味着极大的危险。在这样的条件下，通信保障服务其实就是生命保障服务。近年来并不乏类似的报道，少数人组成的一个群体赴某山区旅游，因天气或者迷途被阻隔在人迹罕至的地区，正是凭借高度发达的通信技术，才与外界取得联络。并且，在救援的过程中，大量的搜寻和定位等现代技术装备也都起到了很大的作用。

气候变化带来的灾难性天气，如洪水、飓风等，会对旅游地的基础设施、旅游服务体系造成破坏，从而影响旅游安全，甚至延缓旅游业的发展。气候变化对旅游服务体系的影响大致分为两个方面：一是对旅游服务设施的影响，即对“硬件”的影响；二是对旅游服务质量的影响，可称为对“软件”的影响。对“硬件”方面的影响，一般都是决定性的，例如，气候变化导致部分旅游服务设施的损毁；对“软件”方面的影响，可能是间接性的，例如，由于气候变化导致旅游服务的成本增加，在可接受旅游产品价格的前提下，旅游服务质量就难以得到充分的保证。

此外，气候变化对生物多样性影响巨大。据测算，如果全球平均气温升高1.5 ℃～2.5 ℃，20％～30％的动植物种群就会面临消亡的风险。气候变化对生物多样性的影响主要体现在：影响物种的空间分布、生态社区以及环境梯度；影响土壤以及水生与陆生环境系统；影响生态保护区等特定区域。气候变化引起的生物多样性的变化，最终还是会影响到旅游业。例如，已经有证据表明，气候变化对全球森林的生物多样性产生了直接的影响。而旅游业又非常依赖这些对气候十分敏感的生物资源，于是气候变化不可避免地影响到旅游业的开展。一些学者构建出了一个"气候与旅游信息计划"系统，以实时传播森林气候变化与旅游的相关参数，把气候对旅游的影响降到最低(Endleretal，2010)。

气候变化使一些地区的风景资源退化。因为气温的升高，一些地区，尤其是北美与亚欧大陆，雪线不断地向高纬度地区收缩，以致动植物资源的分布范围缩小。气温升高还导致了海平面上升，有些地区，如澳大利亚沿海的国家公园内，灌木的生存正面临威胁，有些已经死亡。对于海洋旅游来说，气候变化还会引起海岸腐蚀、海水升温、台风频率或强度增加以及珊瑚死亡等，破坏海洋生态，影响旅游发展。这些影响是渐进的，从长远来看，随着资源退化程度的加深，一些旅游胜地会走向消亡。例如，受气候变化导致的长江流域降雨量的变化以及其他因素的影响，江西境内著名的旅游地——鄱阳湖的旱灾频发，湖底变草场，旅游发展受到极大威胁。

气候变化也被认为会影响到食品安全，进而影响旅游业。在发展中国家，特别是低海拔国家，气温的小幅上升(1 ℃～2 ℃)也会导致农业产出的减少。很多年前就有学者警示了在气候变化条件下我国农业的脆弱性和粮食安全问题。近年来的研究表明，气候变化条件下，2001—2030 年(对照期)与 1980—2000 年(基准期)对比，中国的早稻和晚稻生长季可用水量均值增加 10%以上，而西南地区季节性干旱造成的农业损失占历年全部农业灾害总损失量的 50%～70%(王龙昌等，2010)，可见，中国的粮食供应稳定性在下降。食物供应的这些不利影响可能引起旅游区营养不良、肠道感染以及心理压力等风险的增加，这就会给当地的公共医疗服务增加额外的负担，从而影响到当地的旅游业，特别是那些与外界联系不畅，粮食主要靠自给(如马尔代夫、神农架等)的地区。此外，还有一些由气候因素导致的食品安全问题，是通过影响旅游目的地或某一类专项旅游市场的竞争力而影响到整个旅游业。例如，一些以红酒闻名的旅游地，气候变化对这些地区的葡萄质量和产量造成了影响，从而影响到了酒的口感，间接影响到旅游吸引力。

(三)对旅游流的影响

天气或气候对于人们的出游决定，包括动机、目的地选择和出游时机等，具有内在的重要性。许多研究表明，全球气候变化将会使得英国和爱尔兰的旅游需求向北方转移，德国则会因为内陆比海岸变暖更快，而导致游客更多地向南方流动，从而引起旅游市场格局的变化。在全球范围内，由于气候变化的影响，理想的旅游气候区将向极地方向转移，意大利、法国、西班牙、希腊等传统的夏季旅游胜地，将会由于气温过高而失去吸引力。此外，由于气候变化的影响，西欧、日本、韩国和北美的加拿大等地区的旅游客流量可能增加，而世界上其他地区的游客数量则可能会相对减少。

但很多游客意识到了航空碳排放是造成温室效应的重要原因之一，他们在短途旅游时愿意放弃乘坐飞机，不过长途旅游仍然首选飞机。可见，人们对气候变化的认识都在加强，但交通的便利性、可用的时间量、生活状态等因素最终决定着出游时的交通工具选择。此外，减缓气候变化的相关政策可能会通过交通成本的增加而影响游客的出游及交通工具的选择。随着碳税改革等减缓措施的实行，远距离航空飞行的费用大大增加，这可能会降低一些依赖海外远距离客源市场的旅游目的地的吸引力。

研究证明，气候变化所导致的环境变化、社会变化，确实对一些具体的旅游目的地的旅游需求产生了影响，但还没有直接的证据表明，气候变化引起了全球游客流量的减少或者是旅游消费的减少。因为气候(常常表现为气温)对于人们的出游地的选择有显著影响，但与他们是否出游没有多少关系，毕竟旅行自由的价值观已深入人心。有实证研究表明，旅游流会因为气温的变化在不同的旅游目的地或者同一旅游目的地的不同空间内进行迁移，但总量基本保持稳定。

旅游流流向研究的标志性成果是对旅游流向预测模型的构建与修正。最早的成果是 Mieczkowski(1985)所提出的“旅游业气候指数”以及“旅游业气候指数分级系统”。Hamilton 等以此为基础，提出了经典的国际旅游流仿真模型(又称“汉堡旅游模型”)。后来又有学者以“汉堡旅游模型”为基础，相继提出了两个模型，一个是 Amelung 等构建的国际旅游预测模型，另一个是 Berritella 等构建的可计算一般均衡模型(Computable General Equilibrium，CGE)。

(四)社会影响

气候变化对旅游业的社会影响主要表现在目的地的经济动荡和政治不稳定两个方面。很多依赖旅游业的发展中国家，特别是那些已经存在社会经济与环境挑战的国家，根本没有足够的人力、资金和技术去应对气候变化对旅游业的影响，由气候变化引起的食品短缺和安全问题、公共保健和疾病传播问题以及生物多样性的丧失等，会进一步加剧旅游区的脆弱性，从而引发经济动荡，甚至政治的不稳定。

旅游业与经济、居民生计、环境之间有一种相互依存的关系，但是在发展中国家，气候变化则可能削弱旅游业与这些发展目标之间的联系。短期来看，气候变化对旅游目的地经济的影响可能是中性的，但从长期看，这种影响就会很显著。据《国际旅游研究》(Travel Research International)显示，到 2050 年，如果考虑气候变化带来的经济损失，地中海游客数量将下降 11 100 万～19 800 万人，旅游支出将下降 640 亿～1 100 亿美元；加勒比海地区的游客到 2050 年将下降 800 万～

1 300万人，旅游支出将下降80亿～110亿美元。以中国旅游业为例，2008年年初南方地区历史罕见的低温雨雪冰冻灾害就已经给旅游业造成了巨额损失，仅张家界的旅游接待人数比2007年同期就减少了50.4%，旅游收入减少了42%，旅游设施损失了5万元，旅游综合收入减少了4亿多元。

再如，气候变化对海滨旅游地的影响，最直接的就是影响住宿、餐饮的价格，从长远来看就会影响到当地居民的社会福利水平。这些影响的累积会导致旅游地劳动旅游就业率的降低，从而形成对当地劳动力市场和相关机构的压力。经济是上层建筑的基础。气候变化导致贫困地区的旅游业以及依赖旅游业生存的社区经济越发脆弱，并最终导致地区政权的不稳定。有研究表明，气候变化导致地缘政治争夺的手段、范围和内容都有了改变，并逐渐成为影响当今世界地缘政治格局演变最活跃的驱动因素之一。气候变化不仅是气候问题，同时也成为经济问题、政治问题。

三、气候变化对旅游业的有利影响

上述内容主要探讨的是气候变化对旅游业的不利影响，其实气候变化对旅游活动也有有利的影响，Giles和Perry(1998)认为，气候变化为部分国家或地区的旅游业发展带来了机遇。因为气温的升高，高海拔、高纬度国家和地区的国内旅游量将会翻倍，入境旅游人数也会大幅增加，因此，不能只关注气候变化对旅游发展的负面影响，应该更多地从气候变化及其可能给旅游发展带来的机遇方面进行研究，这也是旅游业应对气候变化的积极态度和可持续之路。

气候变化对旅游活动的有利影响，首先，主要体现在旅游开发方面。目前，由于气候变化导致一些地方危在旦夕，一种新的旅游项目"末日旅游"应运而生，并在一些国家渐渐兴起。全球也评选出了因为全球变暖而即将消失的"世界十大即将消失的景点"，包括因全球温室效应、海平面升高而逐渐缩小的南北极和马尔代夫，以及因地壳运动而受到破坏的水城威尼斯、中东的死海和秘鲁的马丘比丘。对"全球变暖"的普遍担忧使美国及英国的许多游客将目光转向于此，旅行社也把"在美景消失前大饱眼福"作为对客户的宣传，据估算，2015年有大约3.8万游客前往南极旅游，人数为5年前的2倍，气候变化也给旅行社带来了一线商机。

其次，在一些高纬度地区，如加拿大、俄罗斯和斯堪的纳维亚，温度升高2 ℃～3 ℃所带来的气候变化会给经济带来净收益的增加，如使农业产量增加、冬天死亡率降低、加热成本降低、推动旅游业发展等。我国学者也提出，西安市旅游气候环境的舒适期在最近16年来明显延长，不舒适的天数显著缩短，变化趋势表明，西安市的气候环境越来越有利于旅游业的发展。而变暖的气候条件也会延长高海拔地区的气候适宜时间。例如，气候变暖很可能延长青海省的旅游时间，使青海的旅游旺季由目前的4个月延长到6个月，并更加凸显极端气候变化下的天然避暑胜地优势，从而极大地促进青海旅游业的发展。

对中国而言，拥有辽阔的国土面积，多样的地形地貌，丰富的气象资源，气候变化对部分自然旅游资源产生影响的同时，对我国多彩的人文旅游资源，以及广袤的西部高海拔地区的旅游资源也会产生影响。另外，通过积极应对气候变化，旅游目的地可以在旅游品牌定位方面开拓创新，以“绿色旅游”“低碳旅游”“零碳旅游”等营销手段吸引新兴的绿色消费群体。国际上已有一些旅游目的地实现了品牌定位思路的战略性转变(如印度尼西亚的巴厘岛、埃及的沙姆沙伊赫等)，对于这些成功的案例，中国的旅游目的地也可以借鉴。

四、旅游活动对气候的影响

据《2015 全球旅游报告》显示，2014 年国际游客到访量(过夜游客)同比增加 4.3%，达到 11.33 亿人次。美洲国际游客到访量增加最强劲，以 8%居各大洲之首；亚太和中东市场的国际游客到访增速为 5%；欧洲的国际游客到访增速为 3%；非洲国际游客到访增速为 2%。随着旅游人数的增多，人们在旅行中将会产生更多消耗，如交通、住宿、餐饮以及途中的其他消费，这些行为无疑会造成更多的碳排放。

人们对碳排放和气候变化的担忧如今已在旅游业中占据了中心地位。不过，旅游业中的这一现实所反映的是一种更加广泛的社会认识：全球所有人都必须认真关注我们这个星球的健康。众多国家对《京都议定书》的签署，代表着全球朝着对该议定书的认同及其最终的实施迈出了一步。2009 年哥本哈根会议的召开，并未能就减少碳排放问题达成一项新的具有法律约束力的条约，而仅仅是出台了一纸自愿性的协议。由于《京都议定书》一直未能得到充分实施，因此 2010 年下半年在墨西哥坎昆举行的会谈则是为了在应对气候变化上取得一些进展。《坎昆协议》中承认有必要将地球气温的上升控制在 2 ℃以内，并提出将与会各国依据自愿性的《哥本哈根协议》所作的不具约束力的减排承诺交由联合国处理。《坎昆协议》中还提出，要设立一项绿色气候基金，截止到 2020 年，向贫困国家提供 1 000 亿美元的援助，以帮助他们应对全球气候变暖的影响，并帮助他们推行“不会有污染”的开发。继《京都议定书》之后，全球有必要实施新协议的原因很清楚：地球这艘“太空船”支撑生命的能力有限，因而需要采取行动去改变人类的行为。

为此，旅游政策制定者现在就必须认识到，未来的旅游发展将不得不做到与环境兼容。实际上，很多人都认为，就土地利用而论，发展旅游业是比较好的选择之一。虽然这种兼容也许并非没有问题。例如，对于交通运输使用化石燃料以及由此而产生的污染效应等问题，我们都不能否认。因此，除非能找到不会引起污染的其他能源，否则，对于旅游业的长远可持续性，人们难免会产生怀疑。

在这方面，有些人热衷于批评旅游是造成碳排放和全球气候变暖的一项主要因素——甚至劝阻人们停止外出探亲访友。因为人们出行免不了会乘飞机、汽车、轮船等交通工具，而这将会产生大量二氧化碳，从而加重温室效应。如前文所述，人类的工业生产、地面运输活动中排放的各种悬浮微粒，会加重全球暗化，这对空气也将造成污染，最后人类需要自食其果，付出身体健康的代价。不仅如此，这些破坏与影响还需要人类用更多财力、科技去应对，甚至有些影响与破坏是人类永远无法补偿的，如石油、天然气的消耗。

旅游业系统中，交通运输业和住宿业的温室气体排放量最大，据联合国世界旅游组织的调查，全球旅游业 2005 年排放的二氧化碳占全球二氧化碳排放总量的 5%；而该排放量所造成的影响大约可以达到全球温室效应的 14%；2008 年，航空旅行所排放的温室气体占所有温室气体排放量的 14%(Scottetal，2008)。以 2005 年为基准，鉴于旅游业在多数国家增长趋势的预测，全球旅游业的碳排放量预计 2035 年将增加 150%，这已经将旅游业技术进步和管理效率考虑在内。

由于认识到这些问题以及一些批评人士对航空旅行的形象具有相当大的影响，世界航空业中的很多领袖企业都已决定在有关全球气候变暖的辩论中采取以攻为守的策略，包括推出全球性的营销宣传活动，制定新的节能目标，并大胆地提出今后 50 年内所要实现的目标是采用零排放的“绿色”航空器。在实现这一目标方面，最有前途的举措之一便是美国波音公司所推出的“亚音速超级绿色客机研究”(SUGAR)项目——开发一种采用混合动力电动引擎的民航客机。这种客机在起飞时使用常规(但能够大大节能)的喷气式发动机，但在作巡航飞行时，将转为使用电动式发动机，从而可少 70%以上的燃油使用，最终将会使整个飞行的总能耗减少一半多。这种客机不仅废气排放量少，而且噪声也比较小。

除了航空公司为了匡正自己在世人眼中的“罪犯”形象而采取的各种努力之外，如今一些旅游公司也在积极地使用“碳补偿”这一概念。但与此同时，对于这一创新方案的实效及其生存能力，也有越来越多的批评人士表示质疑。

“2007 年维也纳气候变化会谈”指出，未来 10～15 年全球的温室气体排放量将达到最高值，此后将会减至相当低的水平，到 21 世纪中叶，排放量将会低于 2000 年的一半。旅游业必须依据该国际条例，大幅减少温室气体的排放量。当其他产业经济部门陆续完成节能减排计划后，如果旅游业继续实行当前的发展模式，其必然将会成为温室气体的主要来源。此外，旅游活动将会影响旅游区的大气环境，造成一定程度的污染，导致降水成分变化，从而造成酸雨，危及地表水质。

但是，旅游业不能脱离其他行业而独自去应对气候变化所带来的挑战，必须在更广泛的国际可持续发展议程表的背景下去采取措施。全球旅游业所面对的重大挑战是，需要提出一套完整的应对策略措施，提高能源利用率，减少温室气体的排放，这不仅将使旅游业实现可持续发展，也将有助于达成扶贫及联合国提出的新千年发展目标。

第三节 旅游业面临的风险及应对举措

旅游是人与人、人与社会、人与实践、人与自然的多重互动性体验，既能开阔视野，也能陶冶情操，使人们在感悟自然中获得个人思想境界的提升。而旅游业在迅速发展中，渐渐成为经济社会发展的支撑。气候变化、低碳经济转型、发展方式转变与优化，使得人们的旅游需求增多，旅游业在经济社会发展中的地位和作用也越来越重要。当然旅游业也面临着许许多多的风险与挑战，随着时代及互联网社会的发展，旅游业需要不断适应这些风险与挑战。随着世界全球化进程的不断推进，不同的国家、地区和民族之间的交流日益增多，这一发展趋势必将促进国际旅游业快速发展。旅游全球化是经济全球化、政治全球化和文化全球化发展的必然结果，是不可阻挡的时代趋势与发展潮流，旅游的全球化给中国的旅游业发展带来了巨大的机遇，同时也带来了各种潜在的威胁和风险。

气候变化风险源主要包括两个方面：一是平均气候状况(气温、降水、海平面上升)；二是极端气候变化(热带气旋、风暴潮、极端降水、洪水、热浪与寒潮、干旱)。气候变化风险的后果主要包括经济损失，生命威胁，各种系统的产出特性以及系统本身的变化等。

政府间气候变化专门委员会第五次评估报告预计，21 世纪全球因温室气体排放带来的气候灾害将进一步恶化，并可能引发饥荒、移民和社会动荡。2013 年全球发生 315 起重大灾害，造成 2.2 万人丧生，受灾人数达 9 500 万人，直接经济损失达 1 160 亿美元。

2013 年 6 月 21 日，联合国环境规划署发布报告《全球环境展望 5(企业版)》，报告指出，极端灾害(如洪水、滑坡、火灾、风暴等)事件愈加频繁，通常与气候变化有关，其会对各部门造成风险。同时，海平面上升、气候变暖对旅游企业今后的发展前景带来挑战，未来 30 年，如果冬季平均气温上升，那么美国东北部 103 个滑雪度假胜地中，仅有不到一半可能维持运作。此外，也会降低旅游资源的吸引力，减少旅游经济收入。

一、极端天气与旅游

极端天气气候事件是某一特定时期内发生在统计分布之外的罕见气候事件，通常分布在曲线两侧各 10%的范围内，具有灾害性、突发性等特点，主要包括高温热浪、强冷天气、干旱、大雾、沙尘暴、雪灾、暴雨洪水、热带气旋(台风、飓风)、局地强对流天气(冰雹、龙卷风、雷电)等。

极端天气气候事件所引起的一系列气象气候灾害不仅给社会、经济的持续发展和人民生命财产造成了严重的影响和损失，而且对旅游业产生了巨大的影响。例如，1998 年的特大洪水使我国入境旅游损失 2.99×10^5 人次；2008 年的雪灾导致交通运输中断，旅游景点无法进入，大量旅游团队被迫取消，旅游业损失惨重等。由于持续时间、强度大小的不同，不同极端天气气候对旅游业的影响存在较大差异，一般说来大雾、沙尘暴、局地强对流天气等持续时间较短，对旅游业的影响较小，雪灾、洪水等持续时间相对较长，对旅游业的影响较大。

按影响机制大致可以将极端天气气候事件分为三种类型。在高温热浪、强冷天气、干旱的气候中，人们会感觉到不舒适，于是不愿意去旅游，这就影响了旅游业的发展；大雾、沙尘暴、雪灾主要通过阻断交通，降低景区的可进人性和可观赏性来减小人们去旅游的欲望，它们对景区景观的影响一般是暂时性的，破坏性较小；暴雨洪水、热带气旋(台风、飓风)、局部强对流天气(冰雹、龙卷风、雷电)具有很强的破坏性，常常危及人们的生命安全，使得人们不敢外出旅游，并会给景区景观造成较大的破坏。

二、旅游业面临的风险与挑战

(一)生态风险

生态风险是指一个种群、生态系统或整个景观的生态功能，由于受到外界威胁，在目前和将来，一个或多个不良生态影响发生或发生的概率增加并产生不良事件可能造成的损失。生态风险的成因包括自然的、社会经济的和人们生产实践中的诸多因素。随着全球化进程的加速，我国旅游业面临的生态风险主要有以下几个方面：

首先，旅游地超载的生态风险。旅游流量或活动量超过旅游地所能承受的极限容量，将引发生态风险，从而对旅游地生态环境和旅游资源造成严重破坏。第一，旅游地超载会对人文旅游资源造成破坏。这样的案例比比皆是，北京故宫三大殿内，因长期以来游人超载造成“金砖”快速磨损；敦煌莫高窟也因游客量过多，空气中湿度过大，CO_2 浓度居高不下，许多佛雕颜色已发生变化，其内在的物理、化学结构也受到影响。第二，旅游地超载会导致生态系统退化。桂林等地，旅游旺季因游客超载导致的水体污染现象日趋严重；九寨沟、武陵源都因旅游者过多，超过景区的环境容量，造成了一定程度的环境污染，降低了资源的整体景观价值。第三，旅游地负载过重，还会损害旅游基础设施和服务设施。登山游道的护栏在旺季时因不堪重负而生变得松动，甚至脱落，索道、缆车等旅游服务工具因超载而断裂和下坠的情况也时有发生，从而给旅游者带来安全风险。

其次，旅游开发导致的生态风险。随着我国旅游业的迅速发展，旅游开发对生态环境和生物多样性保护提出了严峻挑战，由于缺乏规划或规划不当、建设性破坏、旅游配套和相关产业的开发不当，生态环境被破坏的现象比比皆是。近年来，随着生态旅游的兴起，各级自然保护区成为争先开发的对象。由于区域、体制和经济短视等原因，许多自然保护区的旅游开发强度过大，对环境造成一定程度的破坏，尤其是生物多样性明显减少。据中国人与生物圈国家委员会提供的一份调查显示，已有22％的自然保护区由于开展生态旅游而造成保护对象的破坏，11％的保护区出现旅游资源退化，23％的保护区竟然在核心区内有旅游活动。云南西双版纳热带雨林已被砍伐1/2，动物的栖息环境出现了破碎与片断化，这致使它们经常逃离保护区。2002年在北京、上海和广州三大城市的居民访问调查结果显示，82.7％的人感慨旅游景点遭到不同程度的破坏。

最后，外来生物入侵的生态风险。旅游行为不限地域与环境，从而也隐藏着生物风险。生物风险一般是指由森林火灾、病虫害等引起的生态环境和文物古迹遭破坏的风险。旅游引起的生物风险是指伴随旅游和旅游者而来的外来有害生物入侵的生态风险。旅游者和旅游交通工具常常成为外来生物的传播载体，引起危险性病、虫、杂草和其他有害生物的传播与蔓延，形成生物风险。近年来，由于国际旅游业的迅速升温，通过旅游活动，外来有害生物越来越多地传入我国。例如，我国海关多次从旅游入境人员携带的水果中查获地中海实蝇、桔小实蝇等检疫生物，北美车前草也可能随着旅游者的行李而带入我国。外来有害生物通过影响生态系统而对旅游业带来损失。20世纪七八十年代在云南昆明市建成了市内的大观河的篆塘处—滇池—西山的理想水上旅游线路，游人可以从昆明市内乘船游滇池和西山，但自20世纪90年代初以来，大观河和滇池中的水葫芦“疯长”成灾，掩盖了整个大观河及部分滇池水面，致使这条旅游线路被迫取消。

生态风险具有全球化趋势，它超越了民族国家的边界和管辖权限，对国家管理生态风险提出了挑战。当前我国许多旅游区的资源管理存在相当突出的问题，在部分地区，旅游性污染与危害非常严重，严重地影响了旅游资源的可持续利用。应做好旅游区的管理工作，建立严格的管理制度，保护好旅游区内的自然资源和人文景观。环境管理问题是旅游区开发成功与否的一个非常关键的问题，旅游区的环境管理应以预防为主，对于已出现的环境问题要积极恢复，避免出现更大的环境灾难。加强旅游区物品的重复使用和废物回收分类工作，同时加强环保教育，提高游客和旅游区居民的环保意识。加强对旅游区居民的管理工作，旅游管理者要与当地居民建立友好的合作关系，要教育和鼓励当地居民积极参与旅游区的建设和保护，为当地居民创造就业机会，增加当地居民对旅游业的支持力度，为旅游业的可持续发展提供强有力的支持。

建立旅游开发生态风险管理机制，强化风险管理职能。要有专门机构和人员负责旅游开发地的生态风险评价管理工作，做到生态风险调查、监测、评价与管理有机结合，并把风险评价工作纳入旅游风险管理体系中。按照“依靠科技、合理开发、综合利用、保护环境”的方针，采用行政、经济和法律的手段强化生态风险管理。根据旅游地的各种生态风险源与风险胁迫因子，确立相应的生态风险管理体系。

加强旅游开发的生态风险管理，需要建立旅游地生态风险保险制度和赔偿制度，建立生态风险防范体系，从而实现旅游生态风险的转移。保险部门也应根据各旅游开发地生态风险等级确定生态风险防范重点，监督和指导旅游企业的开发与风险管理工作，促进旅游景区的保护和旅游产业的可持续发展。

（二）健康风险

旅游的全球化成为疾病传播的重要途径之一。1957 年亚洲流感和 1968 年香港地区流感，共造成全世界 150 万人死亡；2003 年爆发的 SARS 也是一种全球性恶性传染病，全球有 30 多个国家或地区的 8 000 多人被感染，造成数百人死亡。疯牛病、SARS 的蔓延，以及诸如禽流感向人类转移，加上其他环境改变后不可预测的生态风险，也印证了一种既是最新，但同时也是最古老的全球风险理论，即每当人类出现大规模的自由移动，疫病也随之快速移动。旅游的兴盛使得通过旅游者传播各种恶性传染病的概率大大提高，病原的传播呈现出全球化的趋势，再加上病原本身的传染性，给原发国家或地区甚至全球都带来了巨大的灾难。这种现象在全球范围内引起了广泛的关注。

（三）社会风险

各种意外恶性事件也会对旅游业产生风险。由于世界旅游一体化的迅速发展，任何旅游恶性事件不仅局限于事件发生地，而且对旅游国的国际旅游产生较大的负面影响，对旅游业的破坏作用十分明显。1994 年的“3·31”千岛湖事件，不仅在当年严重打击了千岛湖的旅游业发展，而且波及全国，从一定程度上影响了中国的国际旅游业，尤其千岛湖的国际旅游受到极大的影响。“好客山东”是人们耳熟能详的一句广告词，然而，2015 年“38 元的青岛大虾”事件被曝后，山东旅游也受到极为恶劣的影响。此外，旅游开发还伴随着其他风险，如造成旅游业与当地居民的矛盾激化，相邻旅游点的恶性竞争，行政边界旅游资源开发纠纷等，影响了我国旅游业的健康发展。

旅游的全球化，也给国际恐怖主义、形形色色的犯罪分子的恐怖活动和犯罪活动以可乘之机，加大了其他社会风险。“9·11”事件对国际长途旅游，特别是美国和欧洲国家的长距离出境游造成严重影响，这一不利国际安全形势对中国入境游市场也造成了很大的负面影响。据资料显示，“9·11”事件后次年 4 月份中国采自美国的旅游预订量大幅下降，同比减少约 70%。

中国是一个多民族国家，有丰富的民族文化和地方民俗特色文化，在旅游全球化背景下，大量旅游者涌入给中国民族民俗文化保护带来严峻的挑战。伴随着旅游业的发展，外来旅游者的大量涌入，出现了不同文化间的冲突，这导致旅游地本土文化和民族民俗文化发生变异、被同化，甚至有消亡的风险。这表现为：旅游地地方特有文化受到冲击，民族文化丧失；出现文化的趋同或同化现象；外来不良文化对民族文化、地方文化和伦理道德进行“腐蚀”。

此外，随着中国旅游业的迅速发展，社会对旅游专业人才的需求增加，短期内会造成旅游人才紧缺，给高校造成旅游人才急缺的假象。许多高等院校均开始增设旅游管理类专业，包括旅游管理、酒店管理、导游、旅行社经营、生态旅游、森林旅游等旅游专业或方向，学历层次涉及中专、专科、本科、硕士与博士研究生各种层次，出现一种旅游热的虚假繁荣现象。

当前随着旅游类各个层次的毕业生开始进入旅游就业市场，旅游类某些方向的毕业生过剩的现象逐渐开始显现，但这些现象并没有引起高校足够的重视，目前包括师范在内的许多高校还在增设旅游类专业，这给将来学生的就业带来了风险和隐患。

(四)经济风险

经济全球化加大了世界的旅游交流，大量国外旅游者的进入促进了中国的旅游消费，极大地刺激了中国旅游业的发展。大大小小的景区景点开发不计其数，旅游相关系列配套产业得到迅速发展，许多省区都将旅游产业作为支柱产业来抓，从一定程度上带动了我国经济的发展。

随着旅游全球化进程的加快，加上中国旅游业迅猛发展的势头和专家对旅游业前景的乐观预测，中国各地的旅游开发强度逐年增大，在旅游开发过程中产生了各种经济风险。一些盲目的旅游开发不仅没有带来消费的增长，而且反过来破坏和制约了当地经济的发展。旅游产业在国民经济中所占比例过大会带来经济风险，这是由旅游经济固有的风险性造成的。一些地方旅游收入在国民经济中所占的比例过大，旅游经济外向性严重，导致了地方经济受到国际国内多种风险的影响。旅游产业固有的风险性加大了旅游开发的经济风险，一旦国际国内旅游人数急剧下降，将使旅游经济迅速受到牵连，影响地方经济安全。例如，SARS 的流行就对中国旅游带来了巨大的负面影响和创伤，对旅游经济造成了较大的风险。

由于我国控制生产要素跨国界流动能力不强，保护市场的能力较差，数量庞大的国际游资始终是威胁中国旅游经济安全的一大隐患。旅游经济的迅速发展也产生了较大的汇率风险。中国在分享旅游全球化带来的机遇的同时，也面临经济上更大的风险与挑战。

三、旅游业应对气候变化的举措

人类的发展历程也是与气候的变化相适应的历史。气候和环境的变化迫使人类的祖先适应新的环境。早期人类向全球的扩张伴随着一场气候变化。这场气候变化制造了北半球的冰川，但也增加了非洲的雨林。在雨季，森林往草原地区扩张，并减少了直立人的生存空间。与此同时，热带非洲与世界其他地区的区别不再是它只是一个广阔的沙漠地带了。萨赫尔和撒哈拉地区变成了肥沃地区域，并吸引了更多的移民。剧烈的气候变化需要极大的适应能力，人们可以通过迁徙或者本土化，适应雨林向草原、潮湿向干旱、炎热向寒冷的不断反复变化(田家康，2012)。

旅游业是气候变化的受害者，也是影响气候变化的重要因素，旅游业在寻求自我发展之路上需要改变高碳的发展模式，主动参与到应对气候变化的行列中。有人预计气候变化将会对全球旅游业产生深远影响，从根本上改变旅游业的各个方面，而这并不是在遥远的未来。气候变化正在影响旅游业中的各种决策，包括旅游者方面的决策、旅游企业方面的决策、投资者方面的决策以及国际旅游组织方面的决策，下一代旅游从业者可能需要应对气候变化所带来的几乎所有的影响。旅游者作为旅游的主体，在满足自我娱乐放松需求的同时，也需要改变自我的旅游行为，尽可能做到环保、低碳。

应对气候变化是每一位公民义不容辞的责任，只有每一个个体减少排放、每一个企业在低碳模式中谋求发展，每一个国家才有减排的可能性，人类才能共同度过这场气候危机。就像蚂蚁过河，成群的蚂蚁互相紧紧地抱在一起，形成一个“蚁球”向河里滚去，可以顺利过河。途中可能会有损失，成本需要共同承担，但这样一个蚁群能够最终存活。所以应对全球气候变化也是一样，应该靠全球共同的能力，抱团应对。

适应气候变化的能力是指自然或人类系统对确切的操作可能发生的气候变化及其影响的一种调节和适应能力，这种能力将修正气候变化对人类的负面影响或者提供新的有益的机会。但是，经济效益和地理特性决定了旅游业暴露于气候变化影响的程度、对影响的敏感性和适应能力。旅游业的动态性和它近年来遭遇的诸多灾难性事故，如 SARS、东南亚海啸和恐怖袭击等，证明在旅游领域需要相对较高的适应能力。适应能力包括在行为、资源以及技术领域的适应。这种适应能力主要体现在旅游价值链条中，包括旅游者、旅游服务设施提供者、旅游目的地社区和旅游经营者等。在这个链条中的每个环节，都需要各自寻找一种合适的方式去适应气候变化。

首先，旅游目的地方面的利益相关者需要具备这样的适应能力。不管气候变化影响的范围和程度如何，所有的旅游企业和旅游目的地只有能够适应气候的变化，才能使相关风险最小化，才能以经济、社会和环境可持续发展的方式把握新机遇。

那些没有基础设施的大型旅游经营者，往往能较好地适应旅游目的地的变化，因为他们能根据顾客的需求变化调整自己的产品供给，并通过提供信息去影响顾客的旅游选择。与之相比，那些有大量固定资产投资的目的地社区和旅游经营者(如酒店、度假中心、邮轮等)则适应能力很差。

其次，旅游者需要学会适应气候变化。旅游者对气候变化的适应能力(有赖于三个关键要素：金钱、知识和时间)最强，因为他们能自由地避开那些受气候变化影响的旅游目的地，或调整出游时间以避开不理想的气候条件。他们可以更加灵活地依据气候变化，做出选择与出行的调整。与之相比，旅游目的地的某些旅游服务设施提供者和旅游经营者，则适应能力较弱。

最后，旅游业需要适应气候变化。旅游业的动态性和应对一系列突发事件(包括 SARS、恐怖袭击或者海啸)的能力，都表明旅游业的整体适应能力相对较强。2015 年法国恐怖袭击事件发生后，联合国气候变化大会仍顺利召开，法国街头很快恢复昔日状态，这体现出法国应对突发事件有很强的适应力。但是，旅游业内各部门、目的地和个体经销商适应气候变化的能力差异非常明显。

旅游业通过调整经营方式，并采用各种各样的技术、管理方式、教育手段、政策和行为来应对气候的变化。然而，研究发现，旅游业对气候变化的适应能力明显弱于农业等其他经济部门。

全球对气候变化的关注正在升温，政府间气候变化专门委员会明确指出，全球气候变化才刚刚开始。特别是在温室气体排放增多的情况下，气候变化对旅游业的影响将会逐渐加剧。气候变化将会重新分配旅游气候资源的地理分布，从而会给全球生态系统带来风险。气候变化对世界各旅游目的地的影响情况和程度不尽相同。最容易受气候变化影响的地区多位于发展中国家，而这些国家对气候变化的适应能力普遍较差。这就形成了对这些地区旅游目的地和目的地社区的一项特殊挑战。此外，气候变化对旅游业的影响还可能会作用于其他经济部门，如农业及该地的旅游供应网。与之相应，旅游部门也应认识到，其他经济部门为适应气候变化而采取的措施也将会影响旅游业。例如，金融部门会将旅游企业是否具备应对气候变化的战略计划纳入投资准则，从而将会影响旅游企业的信用评级和保险费率。此外，气候变化也可能会对全球经济产生不利影响，并为一些区域带来安全威胁。缓解气候变化的发生也需要全球能源和交通运输系统做出变革，当然这将会影响人们的旅游成本及旅游客流量。

第二章　低碳旅游需求

通过前面的分析可以发现，旅游的终极追求是认识自我。因此，真正的旅游应当有助于人们重新发现和认识自我。但当前的许多旅游观念和旅游方式却在背离这个目标，人们越来越多地进行走马观花式旅游，越来越多地进行不必要的消费，结果是人们旅游得越多，越不认识自己，同时，旅游也破坏了生态环境，排放了大量温室气体，这是对旅游本质的异化。

高碳旅游是对旅游的异化，真正的旅游本身应当是低碳的。虽然碳排放与认识自我和追求真善美之间没有必然的联系，碳排放行为并不是认识自我和追求真善美的基础，高碳排放行为本身无助于旅游意义的实现，但实现旅游的低碳化是对旅游本质的回归。低碳旅游理念的主旨是让人们能够用更缓慢的步伐更多地用心发现和体验每一处风景，在实现可持续旅游的同时实现旅游的回归。要实现低碳旅游，需要在可持续旅游理念的指导下，使注重环境的生态旅游和注重体验的慢旅游观念深入人心。

第一节　高碳旅游

自然孕育着鲜活的生命、湛蓝的晴空、清澈的河流、芬芳的花朵、一望无际的大海，它如同闪烁着金色光芒的彼岸，静候着每一个前来游览的客人，向人类敞开广博的怀抱。然而，一些美好已悄然消逝。人类的贪婪和不合理的活动，正慢慢摧毁生态的平衡，导致环境恶化、气象灾害频发。巴西亚马孙热带雨林面积每年减少达 20 000 km^2；印度首都新德里平均每小时就有一人因为空气污染而死亡；欧洲联盟(以下简称“欧盟”)报告显示地中海有 96％以上的底层鱼类、71％以上的中层鱼类被过度捕捞；由于制冷剂过度使用，南极上空臭氧空洞已相当于北美洲面积的大小；政府间气候变化专门委员会第四次评估报告认为，如果按照目前的温室气体排放量继续等值排放，地球的平均气温将在未来 100 年内骤升 1.4 ℃～5.8 ℃。

一、旅游与碳排放

随着物质经济的增长，旅游业也日渐繁荣。旅游业不仅包括国际旅行(即从目的地角度来看的入境旅游，或从客源市场角度来看的出境旅游)，也涵盖了游客在自己国家的旅行(即境内旅游)。作为一种经济活动，旅游一方面被定义为游客的需求和消费，无论是长途游客，还是一日游游客；另一方面，旅游还涉及商品，以及为满足人们需求而提供的服务。

(一)全球旅游的基本情况

2005—2015 年是全球旅游业波荡起伏的十年，也是旅游业快速发展的十年。这十年间，全球旅游业的发展与世界的经济、政治、气候变化、国际环境等息息相关，我国的旅游业也随时代发展，不断前行。当然，旅游业也遇到了很多风险与挑战，先后经历了恐怖主义和禽流感造成的健康威胁和石油价格上涨、全球金融危机和经济衰退、全球变暖气候危机等。虽遇到震荡，但旅游业整体增长未受重大中断和影响。

全球国际游客到访量在 1950 年为 2 500 亿人，1980 年为 2.78 亿人次，1995 年为 5.27 亿人次，到 2014 年，国际游客到访量达到 11.33 亿人次。全球范围内旅游目的地的国际旅游花费在 1950 年为 20 亿美元，1980 年增加到 1 040 亿美元，1995 年增长至 4 150 亿美元，在 2014 年达到 12 450 亿美元。

对于很多国家而言，国际旅游是它们收入的主要来源。2005 年，国际旅游业收入总额超过 6 760 亿美元，占全球服务业出口总额的 30%，这个比例在欠发达国家高达 70%。只有 50.4%的国际旅游是为了休闲、娱乐、度假，商务旅游占总数的 15.3%，其他目的占 27.2%，包括走亲访友、宗教/朝圣、健康疗养，还有 7.1%的旅游目的不明确。

大约 45%的国际游客通过航空运输到达目的地，47%的使用路面交通方式(汽车或铁路运输)，此外，航海运输占 8%。大部分国际旅游都是在相同区域内到达目的地。在世界范围内，4/5 从本区域内到达，而剩下的 1/5 来自世界其他地区。在欧洲，地区内到达(境内出行)比例高达 88%，而在非洲和中东，地区内到达(境内出行)率不足 46%。欧洲、美洲和亚太地区的工业化国家是主要的旅游业生产市场。然而，在过去几十年中，许多新兴经济开始崛起，2005 年，大约 60 个国家的国际旅游支出每年超过 10 亿美元。

十年之后，联合国世界旅游组织发布的《2015 全球旅游报告》显示，2014 年全球国际游客到访量达到 11.33 亿人次，国际旅游花费达 12 450 亿美元。全球越来越多的目的地，开始重视旅游并在旅游中投入资金用于发展，旅游已经成为创造就业和创业、出口创收以及拉动基础设施建设的关键驱动力。这十年间，旅游经历了持续扩张和多元变化，已经成为全球经济中最大和增长最快的行业。许多新兴目的地已经成为继欧洲、北美等传统热门目的地之外的新宠。

其中，2010 年是全球金融危机后，国际旅游发展最明显的一年。2008 年和 2009 年，国际旅游受到全球金融危机和经济衰退的影响，然而 2010 年国际旅游高速发展。据联合国世界旅游组织统计，2010 年国际旅游到客人数达 9.35 亿，比 2009 年增加了 5 800 万，增幅为 6.7%，比金融危机前的 2008 年增加了 2 200 万。该组织 2010 年年初预测全球国际旅游年度增长 3%～4%。联合国世界旅游组织在其《世界旅游晴雨表》报告中指出，2010 年国际旅游回升速度不一，不同地区具有差异性。从经济体来看，发达经济体增幅略慢，为 5%，新兴经济体为 8%；从区域来看，中东和亚洲恢复最早、最快，增幅最高，分别达 14%和 13%；欧洲恢复最为缓慢，增幅为 3%；美洲恢复速度居中，为 8%。从亚太地区来看，东北亚地区的增幅最为突出，达 13.9%。总体而言，新兴经济体的旅游业发展速度快于发达国家，亚太和中东地区继续是全球旅游业的亮点地区。

2011—2013 年，世界入境旅游发展较为平缓。以 2013 年为例，主要入境旅游目的地地区的发展整体呈现稳中有变的态势，共接待 108 700 万人次，较 2012 年增长了 5%。2013 年，在世界主要旅游目的地中，欧洲地区以 60%的市场份额依然保持着绝对性霸主地位，亚太地区、美洲、中东地区和非洲的市场份额保持不变。而世界主要入境旅游目的地国际旅游接待增长率较 2012 年有着显著变化，其中亚太地区和美洲的增长速度放缓，中东地区扭转局势，呈现正增长。

受全球经济持续低迷、欧美远途出游能力下降、周边主要客源市场日韩游客数量下降明显、人民币升值带来入境旅游成本上升等多种因素影响，2013 年我国入境旅游人数处于小幅下降状态，全国入境游客 12 908 万人次，同比下降 2.5%。其中，外国游客为 2 629 万人次，同比下降 3.3%；我国香港、澳门和台湾同胞 10 279 万人次，同比下降 2.3%。而入境旅游收入为 517 亿美元，同比增长 3.3%，反映入境旅游的经济效益有所提升。2013 年，我国入境旅游接待人数和收入位列世界第四位，成为全球第四大入境旅游目的地。

2014 年国际游客到访量(过夜游客)同比增加 4.3%，达到 11.33 亿人次。美洲国际游客到访量增加最强劲，以 8%居各大洲之首；亚太和中东市场的国际游客增速为 5%；欧洲的国际游客增长为 3%，非洲国际游客到访增长为 2%，2014 年全球范围内，国际游客花费达到 12 450 亿美元，比 2013 年的 11 970 亿美元继续提升，剔除外汇波动和通货膨胀因素，实际增加达 3.7%。2014 年国际游客到访量和旅游收入方面，法国、美国、西班牙和中国继续居全球前列。其中中国以 5 560 万人次国际游客到访量继续稳居第四位，但同比游客量出现 10%的下降。

就联合国世界旅游组织观测的各大板块，2015 年最强劲的是亚太地区和美洲地区，增速均在 4%～5%；其次为欧洲，增速为 3%～4%，中东地区增速为 2%～5%，非洲为 3%～5%。亚太地区 2014 年国际游客到访量达 2.63 亿人次，比 2013 年增加 1 400 万人次，增加 5%。亚太地区 2014 年旅游收入达 3 770 亿美元，剔除外汇波动和通货膨胀因素，实际增加达 4%，高于全球平均水平的 3.7%。其中东北亚和南亚，国际游客到访量均实现 7%的增长。东北亚主要目的地日本、中国台湾、韩国，增速分别为 29%、24%和 17%。该亚区第一大目的地中国大陆地区，游客到访量为 5 600 万；该亚区第二大目的地中国香港，实现 8%的国际游客到访增量。

根据联合国世界旅游组织长期预测报告《旅游走向 2030 年》(*Tourism Towards 2030*)，全球范围内国际游客到访量在 2010—2030 年将以年均 3.3%的速度持续增长，到 2030 年将达到 18 亿人次。在 2010—2030 年，新兴目的地的游客到访量预计将以年均 4.4%的速度增长，是发达国家经济体年均 2.2%增速的两倍。新兴经济体的市场份额开始从 1980 年的 30%，增加至 2014 年的 45%，预计到 2030 年这些经济体的市场份额将超过全球一半，达到 57%，相当于 10 亿国际游客到访量。

(二)我国旅游的基本情况

近几年，中国旅游业在转型中迅速发展。政策环境和需求的变化促使传统的旅游业发生转型，同时，产业融合、新技术革命、资本的倾注对旅游业新旧业态的影响日益加深。

2013 年，我国继续保持全球第一大出境旅游客源国、消费国的地位，我国出境旅游规模达 9 819 万人次，同比增长 18.0%。其中，因私出境 9 197 万人次，同比增长 19.3%，约占亚太地区的 39.26%，占世界入境旅游总接待人次的 9.03%，超出中东地区(3%)和其他地区(2.5%)的总和。我国出境旅游活动改变了世界旅游服务模式，入境旅游发展呈现稳中有变的态势(胡静和谢双玉，2014)。

中国作为全球第一大旅游客源市场，在 2014 年中国游客海外花费同比增加 27%，达 1 650 亿美元。受可支配收入提高、人民币汇率坚挺、旅行设施改善和出境旅游限制减缓等利好因素的影响，中国出境游市场在过去 20 年增速喜人。中国贡献了全球旅游收入的 13%，使全球一批旅游目的地，特别是亚太地区的旅游目的地获益匪浅。

随着互联网时代的来临，中国旅游呈现出如下特点：

第一，中国旅行者呈“移动化”趋势。Trip Advisor 发布的《2015 年全球移动旅行者报告》的数据显示：65%的中国游客曾使用智能手机计划旅行；预订住宿或行程，高于全球平均水平(42%)；同时，在中国受访者中，通过手机端预订其旅行的旅客比例超过 37%，是全球平均水平(6%)的 6 倍。这些都表明中国旅行者已经明显形成了“移动化”的趋势。

第二，中国游客的旅游开支持续提高。Trip Advisor 发布的《2015 年全球旅游经济报告》的数据显示：2015 年中国游客的旅游开支将比 2014 年增加 23%，达到 36 900 元;度假时，40%的中国游客将旅游花费主要用在观光游览上，高于平均水平(27%)。

第三，中国女性游客更青睐独自出游。Trip Advisor 发布的《2015 年全球女性出游调研报告》的数据显示：43%的中国女性受访者曾独自出游，略高于全球平均水平(41%)。

(三)在社会经济系统中流动着的“碳”

人类燃烧化石燃料和改变土地利用类型所导致的温室气体排放，都是在社会经济发展过程中产生的。为维持人类社会的正常运转，不可避免地要造成一定数量的碳排放，因此，需要从人类需求的角度，认识碳在人类经济系统中的流动过程及其影响因素。碳是地球上最重要的生命元素之一，是生命体的主要组成部分，也是地球上最重要的环境地球化学元素之一。在地球演化的历史长河中，碳扮演着十分重要的角色。碳循环是指碳元素在生物圈、土壤、岩石、海洋以及大气中的交换过程，是地球上最重要的生物地球化学循环之一。在碳循环的过程中，地球系统所存储的各个部分称为碳库。碳元素在生物圈及其他碳库之间进行迁移转化，可以被生物机体重复利用。地球上最主要的碳库有大气圈、生物圈、海洋等，不同的碳库正是通过相互之间的碳交换而联系的。其中最大的两个碳库是岩石圈和沉积物，含碳量约占地球上碳总量的 99%。这两个库中的碳活动缓慢，实际上起着储存库的作用。另外三个库(大气圈、水圈和生物圈)实际上起着交换库的作用。水圈是这三个活跃碳库中最大的库，而大气圈是所有碳库中最小的。

在冰期、间冰期或人类活动明显干预之前，全球碳循环仅仅存在于陆地、海洋和大气组成的有机系统中，受气候变化和其自身内部动力的控制或驱动。碳循环中，最重要的两个过程是物理泵和海洋生物泵。物理泵使得海气界面的气体得以交换，并将 CO_2 从海表面向深海输送，其与海洋环流密切相关；生物泵则反映了浮游生物通过光合作用吸收碳及其向深海和海底沉积物的输送过程(陈泮勤，2004)。

陆地碳循环主要是受生态系统生理过程与结构的相互作用影响。植物吸收大气中的 CO_2 和 H_2O，经过光合作用形成总初级生产力，为生态系统提供能量。植物经过自身呼吸消耗部分有机物并释放 CO_2，剩余的有机物和土壤及凋落层的碳库积累，构成净生态系统生产力(NEP)。NEP 在自然和人类活动的干扰下导致陆地生态系统的碳排放。光合作用对碳的同化和呼吸作用(包括植被呼吸和土壤呼吸)对碳的释放之间的平衡决定陆地生态系统与大气之间的碳的净交换(陈泮勤，2004)。

“碳足迹”与“碳补偿”。“碳足迹”是指人类活动过程中直接或间接排放的CO_2总量，它是生态足迹的一部分。一个单位的碳补偿是指通过其他地区减少1吨CO_2的排放量而抵消或补偿某地的1吨CO_2的排放量，或者是通过吸收来消除存留于大气层中的CO_2。碳补偿也叫碳中和，人们计算自己日常活动直接或间接制造碳补偿的CO_2排放量，并计算抵消这些CO_2所需的经济成本，然后个人向专门企业或机构付款，由他们通过植树或其他环保项目抵消大气中相应的CO_2量，从而达到环保的目的。

人类经济系统中的碳排放主要来源于能源活动和工业生产过程两个方面，能源活动(化石燃料燃烧)是人类经济系统中最主要的碳排放源，其中水能、核能、太阳能等属于清洁性能源，基本没有碳排放，与碳排放相关的主要是煤炭、石油和天然气三种化石燃料的燃烧。工业生产过程的CO_2排放主要来源于水泥、石灰、钢铁、铝、硝酸、己二酸等的生产，其中水泥生产(制造水泥熟料过程中产生的CO_2)是工业生产过程中最大的非能源CO_2排放源。

能源是社会经济系统运转的基础，据统计，1751—2007年全球化石燃料燃烧和水泥生产产生的碳排放从3 MtC/a增加到了8 310 MtC/a，其中化石能源的使用占了绝大部分。2007年，95.46%(7 933 MtC)来自化石燃料燃烧能源活动，在提供等量热能的情况下，燃煤、燃油、燃气排放的CO_2量比值为1∶0.813∶0.561，煤炭将排放更多的CO_2(王伟中等，2002)。

化石能源在进入社会经济系统后，随着能源的加工使用，碳主要按两条路径转移。第一条路径是能源加工转化、燃料提取和制备的工业过程，一次能源经过加工转化而形成二次燃料产品(二次能源)，如石油产品、电力、热力、燃气，以及其他加工产品等。由于能源部门对燃料的自用需求，部分碳经燃烧形成CO_2排放到大气中，这其中包括生产时由于分配/传输而损耗的二次能源的碳排放，如电力、天然气等网络传输和分配中的损耗，高炉、焦炉气及石油产品在管道配送中的可能损耗等。在全总排放中，电力生产中的能源排放所占比例最大且逐年升高。

第二条路径是最终供应的能源(一次能源和二次能源)用于满足最终消费需求而产生碳排放。消费需求的结构及数量的多少会影响碳排放流总量，最终消费需求将决定能源的总供应量，从而影响碳源总量。最终消费又包含能源利用和非能源利用消费两部分，能源利用是其中最重要的能源消费需求部分，也是主要的CO_2排放源，它又分为三组：工业部门、运输部门和其他部门(农业、商业、公共事业、居民消费和其他)。在消费部门中，工业排放所占比重最大，道路交通增长显著，已超过居住与服务业，仅次于工业。燃料的非能源利用消费主要是指作为制造非燃料产品的原料，以及利用燃料的物理属性(如润滑剂、润滑脂)和溶剂属性等的消费量，这部分消费量未燃烧产生CO_2。

碳通过能源利用进入行业部门后，在各行业能源利用过程中产生的碳排放以隐含碳的形式附着于各行业部门形成的产品中，而后将在部门间生产技术联系的影响下，在部门行业间转移，即按照产品生产制造的生命周期转移流动，每个最终产品的隐含碳排放是其全生命周期中各环节隐含碳排放的总和。生产技术不仅通过影响能源利用效率、能源加工转化效率、分配/传输损耗率等途径影响碳的流动转移，也会影响工业生产过程中的单位产品生产的碳排放系数，从而影响工业生产过程中的 CO_2 排放。

在人类社会经济系统中，不同国家和地区的商品贸易还导致碳以能源产品或各非能源行业产品进出口贸易的形式在不同国家及地区之间流动。能源产品贸易中，出口的能源产品既包括一次燃料的直接出口，也包括一次燃料产品经加工转化为二次燃料后的再出口；而出口的能源产品可能用于能源利用，也可能用于非能源利用。其他行业的产品的进出口意味着生产制造该产品的隐含碳在国家或区域间发生了转移。如果一个国家生产的碳排放总量大于该国消费的碳排放总量，则意味着这一国家通过国际进出口贸易替其他国家或地区排放了碳。

(四)碳排放及人均排放空间

气候系统稳定目标下的人均排放量是基于地球系统的气候维持稳定的温室气体排放量的人均分配。由于对气候变化问题科学认识上的不确定性，目前对保持气候系统稳定的温室气体排放量尚无科学界公认的定论。目前，以政府间气候变化专门委员会为代表的关于气候系统稳定目标下排放空间的主张是：若全球平均气温上升 2 ℃以上，将可能给人类带来重大影响；为避免这一重大影响须将大气 CO_2 浓度控制在 450 ppm 内(IPCC，2007)。在过去的 20 多年里，国际上的多个减排方案基本都是从保持气候系统稳定的排放空间出发，以政府间气候变化专门委员会的预估结果为依据。

2005 年，大气 CO_2 浓度达到约 380 ppm，按照 2050 年 CO_2 浓度控制在 450 ppm 的目标，2006—2050 年的 45 年间大气 CO_2 浓度还可增加 70 ppm。

大气 CO_2 浓度每增加 1 ppm，增加碳的质量约为 2.12×10^9 吨(12 是 C 的相对原子质量，44 是 CO_2 的相对分子质量，12/44 表示 CO_2 中碳的含量)，即 2.12 GtC。这样，2006—2050 年增加 70 ppm 的 CO_2，意味着大气圈将总共增加 148.4 GtC。2000—2006 年，人类排放到大气圈的 CO_2 平均有 54％为海洋和陆地生态系统吸收，留在大气中的占人类排放的 46％。如果假定 2050 年前这一比例保持不变，则在 450 ppm 的排放目标下人类 CO_2 的总排放空间为 322.61 GtC。人类的 CO_2 排放由化石燃料排放和土地利用排放两部分组成。根据二氧化碳信息分析中心(CDI-AC)的资料，过去 50 年来土地利用产生的 CO_2 年排放量，虽有一定年际变化，但变化不大，基本为1.25～1.70 GtC，1 998－2007年的年均排放为1.48 GtC。假定在2006—2050年，每年通过土地利用排放的CO_2为1.50 GtC，则45年内将总共排放67.50 GtC，那么，2006—2050年人类可通过化石燃料消费获得的CO_2排放量为255.11 GtC。

二、高碳旅游概述

碳足迹分为第一碳足迹和第二碳足迹。第一碳足迹是使用化石能源直接排放的CO_2。例如，一辆载重汽车行驶500 km消耗100 L汽油，可能产生270 kg CO_2，这样它就留下了270 kg"碳足迹"，需要种植3棵30年树龄的冷杉才能消除。第二碳足迹是使用各种产品间接排放的CO_2。例如，一辆载重汽车不但自己可以产生碳排放，在制造和交付它的整个过程中也会消耗大量的能量，这些就构成了第二碳足迹。

旅游业曾被很多人认为是资源消耗相对较低、环境破坏相对较小的产业，是环境友好型产业，但在气候变化的背景下，当前的许多旅游方式因其高碳特征而变得越来越不可持续。例如，许多人利用短暂的假期出国旅游，而旅游的主要内容就是购物，香港曾一度被称为"购物天堂"。虽然这种旅游拉动了经济增长，却是一种典型的高排放、高消耗的浪费型、不可持续的旅游方式。旅游业逐渐成为世界第一大产业，国际旅游规模每年达8亿～9亿人次，如此大规模的旅游活动所消耗的能源及造成的排放引发人们的关注。

联合国世界旅游组织最新研究显示，旅游业对全球温室气体排放负有5%的责任；2005年，源自旅游交通和住宿业的CO_2排放总量分别为1 192 Mt和2 841 Mt。据专家估算，2001年全球旅游业共消耗能源14 080 PJ，约占当年全球能源消耗总量的3.2%；CO_2排放量为1 400 Mt，占全球CO_2排放量的5.3%。由此，在旅行时，交通排放、住宿排放以及消费中产生的大量CO_2排放不容忽视。

(一)交通排放

当下旅游最大的特点是出行，出行避免不了移动，现代旅游的开展依赖某种或多种形式的交通方式，如飞机、火车、汽车、轮船等交通运输工具。工业革命后的旅游出行方式对化石能源有着严重的依赖性，飞机—汽车(或房车)—游艇成为一些发达国家的旅游出行模式。

交通部门成了全球石油消耗最大和增长最快的部门，也是全球CO_2排放增长最快的部门之一。据国际能源署(IEA)计算，2009年，全球交通用油占全球石油总消耗的61.7%，总量达21.36亿吨标油；2009年全球交通部门排放$CO_2$65.44亿吨，占据能源活动CO_2排放的23%，已经成为全球第二大CO_2排放部门，仅次于电力和供暖。全球交通部门 CO_2 排放在 1970—2008 年增长了 136%，无论是发达国家还是发展中国家，交通部门近 20 年 CO_2 排放都呈增长趋势。2009 年全球道路运输排放 48.77 亿吨 CO_2，占交通 CO_2 排放的 74.52%。在国际能源署控制 CO_2 浓度在 450 ppm 的发展情景中，2020 年全球交通部门 CO_2 排放会达到 72 亿吨，达到峰值。

从定义上看，旅游交通是为旅游者提供旅行游览过程中所需要交通运输服务而产生的一系列社会经济活动与现象的总称，是为旅游者由客源地到旅游目的地的往返，以及在旅游目的地各处的旅游活动而提供的交通设施及服务。它是出发地与目的地之间、旅游地与旅游地之间，以及旅游区域内的交通联系，也是为旅游者服务的一种组织形式，是同整个交通运输系统联系在一起的。旅游交通是构成现代旅游业的基本要素之一。

根据联合国世界旅游组织对旅游部门 CO_2 排放量的统计数据，飞机的碳排放量占总量的 40%，汽车占 32%，其他交通占 3%，交通部门的碳排放量占旅游部门碳排放总量的 75%，因此控制交通部门的碳排放是节能减排的关键。

1. 航空排放

航空运输的能源消耗和 CO_2 排放是当前世界各国政府及航空关注的焦点问题。在旅行中，人们为了节省时间而越来越多地选择乘坐飞机，为了舒适而越来越多地选择飞机头等舱。乘坐飞机的 CO_2 排放量要比乘坐火车大得多。调查表明，乘火车从伦敦到巴黎往返带来的 CO_2 排放是乘飞机的十分之一。虽然乘飞机旅行时坐头等舱非常舒服惬意，但头等舱乘客对环境造成的破坏性更大，享受头等舱服务时的碳排放超过坐经济舱时的九倍高，更多的温室气体对全球变暖产生了更大的影响。头等舱的座位要比普通座位大得多，这也就意味着只能供更少的乘客搭乘，需要燃烧的燃料平均到每位乘客也就更多。此外，头等舱的乘客往往携带更多行李，这也就给飞机增加了质量，进而需要消耗更多的燃料。

按照国际航空运输协会(IATA)的测算，飞机每消耗 1 吨航空煤油，会排放 3 187 kg CO_2、1 239 kg H_2O、0.98 kg SO_2、0.56 kg CO 和 21.12 kg 氮氧化合物。

航空运输是全球 CO_2 排放增长最快的行业之一。根据国际能源署统计，全球航空业 2008 年 CO_2 排放(包括国际航空和国内航空)占总化石燃料 CO_2 排放的 2.6%，尤其是国际航空，其 CO_2 排放量在 1990—2008 年增加了 76%。中国在这一时期的国际航空 CO_2 排放增量为 230%，达到 2 019 万吨。2000 年，航空运输对"人类活动所造成的气候变化影响"应承担的份额已高达 9%。由于航班数量增多，航空业 2012 年的碳排放比 1990 年增加一倍以上。尽管已经推出了优化航路和改进燃油效率等行业措施，但航空业的温室气体排放仍以年均 2%～9%的速度增长，成为温室气体排放总量增长最快的行业之一。美国运输部的研究结果显示，2000

年全球飞机的 CO_2 排放量为 5.72 亿吨，2010 年增至 6.05 亿～7.76 亿吨，2025 年将进一步增至 12.28 亿～14.88 亿吨。根据亚太航空公司协会统计，全球航空业每年大约排放 6.5 亿吨 CO_2。

虽然航空 CO_2 排放总量不足全球碳排放总量的 3%，但由于现代民航运输使用最多的是喷气式客机，其飞行最佳巡航高度通常都集中在 9 000～12 500 m，导致航空尾气多排放到大气平流层，加剧了温室效应。飞机飞行并非仅仅是 CO_2 排放导致温室气体效应，同时气溶胶、氮氧化合物、凝结尾气等都会产生不同程度的辐射强迫。飞机发动机在燃烧化石燃料过程中，约有 10%的发动机废气排放于地面污染当地的空气，90%的发动机废气排放于高空成为温室气体，飞机飞行时水蒸气排出形成的凝结尾流也能吸收太阳辐射到地球的热量，减少热量向外层空间发散，使得地球表面变热。此外，来回机场的交通工具、旅客摆渡车、辅助动力装置(APU)、气源车、电源车和航站楼空调等，也是航空业碳排放的重要来源。

自 1980 年以来，中国航空产业发展迅速。以中国民航为例，1980—2007 年，随着客运量的上升，总能耗在不断增加，同时随着技术和管理措施的进步，单位能耗呈现下降趋势。

2. 公路排放

公路交通是最主要的旅游交通方式，以自由灵活、便利高效、独立性大、可实现点对点运输的优点承载了世界一半以上旅游者的运输量(何佳梅等，2007)，并且它还伴随于其他交通方式中，与航空、铁路和水运交通等紧密相连。公路交通的主要缺点是速度不高、能耗大、易受天气影响、安全性较差、排放大，会对环境造成污染。

根据交通运输部统计，截至 2014 年年底，全国公路总里程达 446.39 万 km，公路密度为 46.50 km/100 km^2，全国公路营运汽车 1 537.93 万辆，拥有载客汽车 84.58 万辆、2 189.55 万客位，年末全国城市及县城拥有公共汽电车 52.88 万辆、59.79 万标台，其中 BRT(快速公交系统)车辆 5 339 辆。按车辆燃料类型分，柴油车、天然气汽车、汽油车分别占 52.9%、2.5%和 30.2%。拥有轨道交通车站 1 829 个，其中换乘站 151 个；运营车辆 17 300 辆、41 770 标台，其中，地铁车辆 15 696 辆，轻轨车辆 1 372 辆，出租汽车运营车辆 137.01 万辆。2014 年，全社会完成客运量 220.94 亿人，旅客周转量为 300 97.39 亿人千米。

公路交通是旅游产业最为倚重的交通出行方式之一，但如此庞大的数量也对环境造成了影响。公路对环境造成的影响主要表现在，其建设过程对生态环境的破坏；建成后公路及公路附属设施如停车场等对旅游景观产生阻隔效应，将连续的景观分割成碎片，破坏了景观的完整性；道路交通汽车产生的二氧化碳排放对空气造成污染，影响着人们的健康。

3. 铁路排放

铁路主要承担中远程旅游者的运输任务，铁路交通以其客运量大、费用低、受天气影响小、安全系数高，而且游客在车厢内可以尽情饱览沿线的自然风光等优点承载了大量游客。据2014年交通运输部统计，2014年全国铁路完成旅客发送量23.57亿人，旅客周转量为11 604.75亿人千米，比上年分别增长11.9%和9.5%。

铁路对环境的污染影响主要体现在修建过程对沿线景观的破坏，这就需要在铁路建设过程中充分考虑其对环境的影响；其次是铁路在运行中，火车的噪声及其产生的二氧化碳会对环境造成破坏。

我国高速铁路的快速发展明显地提升了铁路行业的减排效应。我国高速铁路由于全部使用电力牵引，极大地优化了铁路能耗结构，减少了对燃油的消耗，同时提高了能源利用效率，节约了能源，直接或间接地带来了二氧化碳排放量的极大减少。除了二氧化碳排放量减少之外，其他一些污染物的排放量也有了明显的减少。从2008年以来统计的数据看，国家铁路在化学需氧量排放量和二氧化硫排放量这两项指标值上都呈下降趋势。2011年国家铁路化学需氧量排放量为2 195.9吨，比上年减少排放83.8吨，降低3.7%。二氧化硫排放量为4.01万吨，比上年减少排放0.02万吨，降低0.5%。

高速铁路动车组列车采用电力牵引，相较于汽车、飞机、轮船等交通工具，具有明显的低碳排放特性。有关数据显示，以跨境巴士行驶高铁香港段路程，每年会增加4 700吨的二氧化碳排放，若采用高铁行驶，便能减少二氧化碳排放。如果以每位乘客每千米的碳排放量计算，高铁的碳排放量只是飞机和汽车的15%～25%，可大大降低对环境的影响。有研究表明，以伦敦前往巴黎的高铁为例，每名高铁乘客分摊的二氧化碳排放量只是飞机乘客的10%。法国科学家奥莱利亚通过对高铁建设中的碳足迹跟踪检测，得出结论：高速铁路每千人千米的二氧化碳排放量仅为4 kg，不到飞机的四分之一。高铁只要运行8年，就能抵消高铁建设中造成的总碳排放量，之后就是“零排放”和“负排放”。

4. 水运排放

20世纪90年代中期的一部电影《泰坦尼克号》让国人领略了邮轮的庞大、舒适与豪华，其集休闲度假和观光旅游于一体的顶级享受更是让许多人艳羡不已。如今，邮轮产业已成为世界上最具潜力的产业之一，对其他产业的拉动和影响显著。国际邮轮协会(CLIA)指出，海上巡游是目前旅游业中增长最快的细分市场，无论是邮轮乘客的规模、邮轮船只的数量，还是邮轮的载客能力，目前都在迅猛增长。各邮轮公司也在扩充自己的船队，增添新的娱乐设施及到岸访问的港口。但是，大量的豪华邮轮也是巨大的碳排放源，因为它本身就是一个移动的豪华度假胜地，其碳排放量可能是搭乘飞机旅行与入住豪华酒店之和。豪华游艇也是一种高能耗、高排放的旅游交通工具。

按照生态足迹法(碳足迹法)或能量指标综合评价法研究,水运有害气体排放来源主要有以下三个方面:

(1)动力源(柴油机)对燃油的消耗(一次性消耗)。

(2)货物的气化排放。

(3)船舶设备中的泄漏(如制冷设备泄漏)。

并可从对气候环境、人类社会带来的影响将上述排放分为以下两类:

(1)温室气体排放《京都议定书》规定的6种温室气体为:CO_2、CH_4、N_2O、HFCS(氢氟碳化合物)、PFCS(全氟碳化合物)、SF_6(六氟化硫)。

(2)有毒气体、膜他气体排放。

2007年,国际海事组织(IMO)研究报告指出,水运对地球大气CO_2的贡献率为3.3%,其中国际航运为2.7%,或为8.7亿吨CO_2,2009年此值升至9.65亿吨。同时预报,如果不采取措施,这个比例在2050年将升至18%。另有预报,在2030年,航运业的CO_2排放将升至15.3亿吨。

2006年,全球商船运力已达89.19亿载重吨,庞大的船队给环境带来巨大负面影响,从1990年至今,全球海运船只的温室气体排放已经增长了85%。国际海事组织2007年度的报告显示,以干散货和集装箱运输为首的海运业每年排放87亿吨CO_2,占全球排放总量的3%,超过了英国的排放总量,相当于德国全年的排放量;国际海事组织估计,全球船舶的碳排放量到2020年将达到每年13.4亿吨。面对压力,国际航空运输协会决定,从2009—2020年将年均燃油效率提升1.5%,2020年开始实现无碳增长,到2050年将碳排放降低50%。

由于对汽油和柴油的燃料依赖,在全球范围内,交通行业的能源消费量巨大,而旅游业中的交通排放也是很重要的一部分,因此,交通运输的低碳化对整个低碳经济的发展至关重要。

低碳交通就是在交通运输的全生命周期内,在提高交通运输效率的基础上,最大限度地减少温室气体排放,发展成为低能耗、低污染、低排放的交通方式。

(二)住宿排放

越来越多的旅游目的地兴建了越来越奢华和昂贵的酒店,许多奢华酒店的房费都在每晚2万美元以上,这些酒店带来物质资源、水、电能及相关热能的大量消费与浪费,产生大量的垃圾与废水。

日内瓦威尔逊总统酒店的皇帝套房当年因4.5万瑞士法郎(约30万元人民币)一晚的入住费,被《福布斯》评为2003年度全球收费最高的酒店套房。位于法国戛纳的马丁内斯酒店装饰豪华,楼顶套房价格为每晚3.72万美元。意大利撒丁岛

Caladi Volpe 酒店的总统套房均价为每晚 34 000 美元，到旺季时会达到每晚 45 000 美元。套房位于酒店的高层，占地 2 500 平方英尺（232 m^2，有 3 间卧室、3 间浴室、一间私人健身馆、一间蒸汽浴室和一个酒窖）。在屋顶的阳台还有一个咸水游泳池。相比之下，世界知名的五大滑雪场之一高雪维尔滑雪场附近的乞力马扎罗酒店就比较“廉价”了，平均费用为每晚 2 000 欧元，每晚住宿价格浮动范围从 690 欧元到 9 900 欧元不等。

这些豪华酒店在装修和运营过程中耗费了大量的资源：占地广，配备各类高档娱乐休闲设施和最先进的科技设备，提供管家、佣人和私人厨师等。例如，位于阿拉伯联合酋长国第二大城市迪拜的阿拉伯塔酒店（又称迪拜帆船酒店）是全球著名的奢华酒店。所有的 202 间房皆为两层楼的套房，最小面积的房间都有 170 m^2；而最大面积的皇家套房，更有 780 m^2 之大。而且套房全部是落玻璃窗，随时可以观看一望无际的阿拉伯海。进入房间会有一个管家等着跟你解释房内各项高科技设施如何使用，因为酒店豪华尊贵的服务宗旨就是务必让房客有阿拉伯油王的感觉，并且入住皇家套房，还能享受管家、厨师和服务员们七对一的服务。在让人感到吃惊之余，也让人感叹金钱的力量。以最普通的豪华套房为例，还包括窗帘和电灯的开关，办公桌上有东芝笔记本电脑，随时可以上网，墙上挂的画则全是真迹。从酒店大堂出发直达 AI-Mahara 海鲜餐厅，虽然航程短短 3 分钟，可是已经进入一个神奇的海底世界，沿途有鲜艳夺目的热带鱼在潜水艇两旁游来游去，美不胜收。安坐在舒适的餐厅椅上，环顾四周的玻璃窗外，珊瑚、海鱼所构成的流动景象伴随客人享受整顿美餐。海里有餐厅，空中也有餐厅，客人只需乘搭快速电梯，33 秒内便可直达屹立于阿拉伯海湾上 200 m 高空的 AI-Mahara 餐厅；进入太空设计的餐厅，以蓝绿为主的柔和灯光，再加上波浪设计的衬托，就仿佛进入另一个世界。毫无疑问，这些奢华酒店都是温室气体的排放大户，在旅游中入住这类酒店必然属于“高碳旅游”。

Trip Advisor 中国官网数据显示：2015 年 1—8 月，通过 Trip Advisor 中国官网查询海外目的地酒店的点击量稳步提升了 20%，传统四五星级酒店的点击率保持 20%以上的增长，值得注意的是，温泉酒店、SPA 酒店的增长率都超过 100%，而日本温泉旅馆的点击率出现近三倍的增长。由此可见，中国出境游游客对海外酒店的需求呈现两级化增长：一方面，越来越多的中国游客会选择高端星级酒店；另一方面，中国出境游客也更希望寻找特色酒店，获得别样的入住体验。

酒店能源使用量差异很大，这与能源使用来源和能源消耗有关。据一项报告显示，每晚酒店住宿耗能在 51～256 J。希尔顿酒店住宿每晚耗能 322 J，但是斯堪迪克酒店平均每晚耗能只有 172 J。调查发现，塞舌尔岛居民每晚耗能更是仅有 108 J，包括烹饪燃料。这说明自己供电的酒店平均每晚使用的能量更多。调查还发现，坦桑尼亚桑给巴尔岛小酒店每晚耗能是 221 J，而新开的入住率较低的度假村每晚耗能 916 J。据估算，较完善的酒店平均每晚耗能 256 J，其中不包括最初的原始能量，如做饭产生的气体。

每位游客一般在酒店消耗的能量比其他地方多，因为酒店的设施更齐全。例如，酒吧、餐厅、游泳池以及更宽敞的房间。小旅馆可能床位较少，总是被认为不如酒店好。报告显示，新西兰床位和早餐每晚耗能 110 J，已经算比较高的消耗，在这种场所平均最低消耗为 50 J，露营被认为是耗能最低的一种方式，大约每晚消耗 50 J，然而度假村大约每晚消耗 90 J。对于自助住宿设施这里没有相关数据。2001 年全球旅游住宿每位游客每晚耗能约 98 J。酒店越豪华，旅游耗能越大，尤其是在旅游市场蓬勃发展的发达国家，长途旅行耗能更多。因此，针对所有来自发达国家的游客和对于发达国家国内出行并住在商务酒店的游客，我们假设该平均值增加到每晚每位游客耗能 120 J，或者每晚每位游客排放 19 kg 二氧化碳。

对于发展中国家国内游的游客而言，选择在价格较低的商务酒店住宿似乎较为合理。发达国家每年人均二氧化碳排放量是 13.1 t。如果这里有一半是住宿，这相当于每天 18 kg 的二氧化碳排放量，这个值与发达国家国内旅行每晚 19 kg 的排放量接近。但是这个值对于发展中国家并不适用，生活在发展中国家的人们平均每年的二氧化碳排放量为 2.2 t，这相当于平均每人每晚消耗 6 kg 二氧化碳。然而，这包括来自其他经济部门的排放量，如农业、交通或工业。《2005 全球旅游报告》附件中将发展中国家的国内旅行平均每人每晚二氧化碳排放量假定为 4 kg。

2011 年，北京市共接待入境游客 520.4 万人次，接待国内其他省市来京旅游者 12 818 万人次，本市居民在京旅游人数 8 066 万人次。接待入境游客和国内游客合计 21 404.4 万人次。国家旅游局编绘的《中国旅游统计年鉴 2012》对入境旅游者旅游活动的分类比例为：会议商务旅游者为 23.3%，观光休闲旅游者为 45.1%，探亲访友旅游者为 0.4%，其他旅游者 31.2%。按此比例计算得出：北京旅游者参加会议商务游客 4 987.23 万人次，观光休闲游客 9 653.38 万人次，探亲访友游客 85.62 万人次，其他游客 6 678.17 万人次。

随着旅游活动的不断丰富，星级酒店的功能发生很大变化，酒店不仅有住宿功能，同时还具有餐饮和娱乐功能。酒店的不同功能的能源消耗不同，主要来自水、气、电的消耗。

人们住宿的宾馆、酒店构成旅游建筑的一部分。建筑是人们以土、石、木、钢、玻璃、芦苇、塑料、冰块等材料建造出的构筑物，建筑的最终目的是通过建筑形成“空间”，因此旅游中所涉及的酒店、园林等场所在广义上均属于建筑。

真正意义上的低碳建筑和传统建筑的不同之处主要体现在以下几方面：

(1)外部性显著。低碳建筑旨在减少二氧化碳，社会大众都是受益者，具有显著的外部性，因此，需要一个公正客观的监管部门。

(2)低碳要求周期长。低碳建筑不仅要求建筑在设计规划、施工建设和验收竣工时实现低碳，也要求建筑物在运营维护过程中实现低碳，甚至在废弃拆除过程中也要求实现低碳。

(3)技术复杂。在未来的旅游业中，还在规划建设的旅游区、绿地公园等应该尽可能实施绿色建筑工程。对于已建成的酒店、园林等建筑，可以在照明、热水方面进行改善，以减少碳排放量。

(三)高碳消费

我们身处消费社会。早在20世纪70年代，法国后现代学者鲍德里亚在其《消费社会》中，曾系统地揭示了消费社会的到来及其产生的广泛影响，他在开篇中提到："今天，在我们的周围，存在着一种由不断增长的物质服务和物质财富所构成的惊人消费和丰盛现象。它构成了人类自然环境中的一种根本变化。恰当地说，富裕的人们不再像过去那样受到人的包围，而是受到物的包围。……我们生活在物的时代；我是说，我们根据它们的节奏和不断替代的现实而生活着，在以往所有的文明中，能够在一代一代人之后存在下来的是物，是经久不衰的工具或建筑物，而今天，看到物的产生、完善和消亡的却是我们自己。"

随着人们物质生活水平的提高，越来越多的人有能力去购买自己喜欢的东西，互联网、交通工具的发展与快捷也为人们提供了便利。旅行中，无论是在本国跨地区，还是跨国出行，人们免不了会买点东西，或者帮人代购。一个特别的现象，就是中国游客到了国外都会疯狂购物。中国游客人均购物额是世界上最高的，一年的海外采购金额能够超过1 400亿美元。美国商务部2010年的调查数据显示中国游客在美国平均花费7 107美元，而在美国的其他国家游客平均花费只有2 440美元。

全世界都在惊叹中国游客的购买力，都在为中国游客的消费者做出种种改变，费尽心思地迎合众多来自中国的、消费力最强的"财神爷"。中国游客已经向世界证明了自己的消费能力。联合国的统计显示，早在2012年，中国海外旅游消费总额达1 020亿美元，首次超过美、德等国，成为世界第一大国际旅游消费国。接下来的两年，中国人稳坐第一的宝座。记者调查发现，中国游客的消费能力在许多国家均有体现。据各国当地旅游协会统计，在美国，中国游客每次出行约消费6 000美元；在英国达到1 600英镑；在德国则是2 500欧元，几乎是其他国家游客的3倍。购买奢侈品仍然是中国人到发达国家旅游的一大主题。

日本NHK电视台2015年发布统计数据指出，一名外国观光客只要在日本消费达 15 万日元(约合 9 700 元人民币)，那么 10 个外国游客在日本的消费额就稳超一个日本人一年的国内消费。中国大陆地区游客人均消费为 231 753 日元(约合 15 063 元人民币)，远远超过访日外国游客的平均水平。中国人领衔外国人在消费额上首次突破人均 30 万日元，以下依次为澳大利亚人的 247 643 日元、泰国人的 179 276 日元。从中国游客的消费内容来看，住宿费 52 868 日元、饮食费 43 501 元、交通费 20 256 日元、娱乐费 5 184 日元、购物费 176 975 日元、其他费 1 657 元。可见，与第二位的澳大利亚人访日重食宿和娱乐消费不同，中国游客的购物费用将近 18 万日元，约占个人日消费的 60%，绝对第一。

蚂蜂窝旅行网、今日头条与中国银行银行卡中心联合发布的《全球旅游购物报告 2015》显示：2015 年中国游客出境自由行的原因中，有 53.6%把购物列为主要目的；而平均每个中国旅行者会把一半以上的旅行费用花在购物上。2015 年，中国游客境外购物人均花费 5 830 元，同比增长 16.3%，相当于每个出行者在境外买了一个 LV 手包。从区域分布来看，中国游客在日本、韩国以及欧美发达国家，人均旅游购物支出已超过 7 000 元。“一掷千金”的中国游客在让西方人感到不可思议的同时，也会给西方人一种错误的印象，中国已经摆脱贫困并成为发达国家，这对中国的气候变化谈判也极为不利，塑造了一个极片面的国家形象。

实际上，许多在国外购买奢侈品的中国人的收入并不高，只不过是中国人的旅游消费习惯和心理“与众不同”罢了。中国游客更热衷于购物，而不是文化艺术活动。笔者的一位朋友月收入 5 000 元，却每次听到有认识的人要出国，就会千方百计地要求代购价值不菲的奢侈品，其中许多商品即使在收入高出我们多倍的西方人看来也是十分奢侈的。把有限的旅游时间用在购物上会使整个旅游过程变得不真实，难道不远千里出来旅游就是为了购物？在巴黎、伦敦、纽约的百货商场，看到大量熟悉的中国人在此购物，服务员讲着流利的普通话，会有一种仍在国内某个商业中心的感觉。同时，大量的旅游消费也造成了极大的碳排放。许多商品本来是在中国生产，被运往国外销售，又被中国游客不远千里乘坐飞机带回中国，这无形中使商品的运输碳排放增加了数倍。

据联合国世界旅游组织统计，我国出境旅游消费能力较强且增长较快，成为带动世界旅游经济持续发展的重要引擎。2013 年我国出境旅游消费 1 286 亿美元，约占全球出境旅游消费的 11.1%。相比 2012 年占全球出境旅游消费的 9.5%，我国出境旅游消费在 2013 年的增长速度虽有所放缓，但依然保持了 26.08%的高位增长态势。相比 2012 年，2013 年世界国际旅游消费规模增加了 810 亿美元，而我国国际旅游消费增加了 266 亿美元，约占整个世界国际旅游消费增加额的 32.84%。

人们出行往往会选择在节假日。由于十一放假七天，各地客流量较大，所产生的旅游消费较大。据《2010年十一黄金周旅游统计报告》显示，2010年十一黄金周期间，全国共接待旅游者2.54亿人次，实现旅游收入1 166亿元，旅游者人均花费支出459元。在全国接待的2.54亿人次旅游者中，过夜旅游者(仅限于住在宾馆饭店和旅游招待所的)为5 908万人次，比上年同期增长27.9%；一日游游客为1.95亿人次，比上年同期增长26.9%。在所实现的1 166亿元旅游收入中，民航客运收入56亿元，铁路客运收入25.2亿元。入境旅游总碳排放构成方面，间接碳排放率一直大于90%，直接碳排放率不足10%。其中，1997—2010年餐饮部门碳排放占总碳排放的5.8%，部门的碳排放份额呈下降趋势，1997年为8.3%，2010年为5.2%；住宿部门的平均份额为9.3%，比1997年的10.9%有所回落；交通部门所占份额最大，年均占36%，并且1997—2010年所占份额一直在36%左右，无大幅度的涨落，与总碳排放的变化趋势基本相符；购物、娱乐和其他部门分别占16.3%、12.4%、19.6%，其中购物部门上升明显，1997年份额为3.6%，1998年即增至14.4%；通信部门所占份额最小，为0.3%，1997年份额为0.1%，2010年上升至0.3%。总的来说，入境旅游总碳排放与各部门碳排放变化趋势基本一致(远萌，2012)。

三、旅游的异化

建立在消费主义与市场经济基础之上的现代旅游业总是强调旅游的奢华性、享受性、炫耀性，鼓励人们在旅游中花费更多的钱，并且将旅游消费额作为衡量一个旅游者是否“合格”或一个国家的旅游业是否“成熟”的标准。赫伯特·马尔库塞(Herbert Marcuse)在1964年有一篇著名的文章反讽这种“快乐的炫耀”，他指出西方消费者的这种肤浅的信念推动了消费和生产。在消费主义价值观的主导下，旅游与普通的市场经济行为无异，旅游变成了一种消费行为，并且变得越来越奢侈，温室气体排放量越来越高。

乘坐头等舱或者私人飞机，到属于自己的私人小岛上度假休闲；入住世界上顶级的酒店或度假地，享受SPA带来的宁静和彻底放松；乘坐豪华邮轮环球旅行；到非洲狩猎……现代旅游需求催生了高速公路、加油站、汽车旅馆、房车营地、游艇基地、度假村、豪华度假酒店、旅游城镇、国家公园、大型游乐主题公园、停车场、机场、列车站、邮轮码头等基础设施的发展，旅游发展进一步推进着这些基础设施的改造和升级。近年来，各类奢华旅游方式不经意间闯入了公众的视线。使用这些奢华旅游方式不仅花费巨大，对资源的消耗和所产生的温室气体也十分惊人。对于游客个体而言，购置自己需要或喜欢的东西，是人们物质生活必不可少的一部分。但是，在这个消费过程中也暗含着对资源的消耗，对环境的污染。在人们追求一些奢侈品品质的同时，也意味着人们需要为自己的消费行为付出发展的代价。

消费主义是一种鼓吹在大众生活层面上进行高消费的价值观念和生活方式。消费主义最初产生于19世纪末，第二次世界大战后美国首先成为消费大国，消费主义成为其社会主流价值取向，20世纪60年代起迅速波及西欧和日本。消费主义是以美国为代表，在西方发达资本主义国家普遍存在，也在我国和一些发展中国家蔓延的一种文化意识形态，它通过高消费价值观念的传播直接影响着人的消费行为和生活方式，并间接对经济、社会各领域产生影响。

消费主义从不同的角度观察，其目的侧重点各有不同。从人类学角度讲，消费主义的消费不是为了实际需求的满足，而是为了满足不断被刺激起的各种欲求。消费主义以物质占有为特征，通过物质的占有达到心理的满足。从社会学角度讲，消费主义的消费是为了身份的建构。消费主义的炫耀性消费宣扬的是通过消费达到自我表达和自我价值认同，通过消费显示人的身份和地位的高贵，通过消费表达自己的主观意志和客观信息。从经济学角度讲，消费主义的消费是为了再生产和利润的获得。通过消费促进资本快速周转，加速从生产到消费的周期循环，推动扩大再生产。生产可以无限扩大，生产者对利润的追求无止境，但只有当消费具有无限性时，才能顺利完成再生产和利润的获取。因而消费主义大量的物质需求是被制造出来的，并在无形中将所有人卷入其中，使其永无止境地追求高消费。由此，消费主义的消费对象不是商品的使用价值，而是商品的符号象征价值。消费主义将对商品象征意义的消费看作自我表达和社会认同的主要形式，看作较高生活质量的标志和幸福生活的象征。符号消费催生出高消费、炫耀性消费，通过对物质的无尽索求得到精神上的暂时满足。这种消费观带来的是对自然资源和环境的无度索取、疯狂掠夺和破坏。

消费主义是包括气候变化在内的环境危机的根源之一。人们曾简单地认为，只要把自己所生活的区域的高排放、高污染的工厂都关闭或迁走，环境就会变好，但全球气候变化表明，无论这些工厂在哪儿，所排放的温室气体都会使地球陷入环境危机。即使中国不再是世界工厂，例如，关闭所有的污染工厂并通过严格的环境管制将所有的外资企业“赶”出中国，全球气候危机也不会因此而得到丝毫缓解，甚至有可能变得更严重。其原因在于，“没有消费，就没有生产”，只要全球居民的消费量在不断攀升，全球生产就会继续。这些产品不在设备与技术相对成熟、劳动力相对熟练的中国生产，就会转移到其他环境管制更弱、生产效率更低、生态压力更大的国家生产，所排放的温室气体总量可能更大。如果存在增长的极限，也就存在消费的极限。由于地球资源的有限性，持续的不断增长的消费是不可能的。“无论我们是否愿意，我们的消费渴望都将会受到扼制”(多布森，2012)。仅仅通过循环或能源资源的再更新利用并不能解决地球资源有限性所带来的难题，因为人们将依然不能在不断增加的水平上生产或消费。将目前的消费水平与无限循环结合起来的假想更多的是一种技术论的而不是生态主义的特征。环保产业不一定环保，因为循环本身也会使用资源、扩大能源、产生热污染。人们不能期望仅仅依赖技术方案摆脱环境危机。循环是有用的和必要的，但如果就此认为它会解决基本问题就是幻想(史军，2015)。

旅游消费是指人们在旅游过程中，通过购买旅游产品来满足个人发展和享受需要的行为和活动。旅游消费主要是为了满足人们精神享乐的一种高层次的消费活动，其过程不仅是旅游者获得精神、物质享受的过程，也是旅游者增长见识、扩大视野，使体力和智力得到充分发展，自身素质得以提高的一条重要途径。然而近年来，越来越多的人外出旅游(如去美洲、欧洲等地)会购置大量奢侈品，因此旅游活动也带上了追求奢侈享受的消费主义色彩。

旅游消费的异化是指追求高消费的旅游消费行为，表现为物质消费的过度和意义消费的错位，使本来满足人类旅游需求的消费变成支配人的旅游行为，进而损害了自然界和人类社会的共同利益，导致了旅游活动意义的错位。这种异化主要表现为对旅游资源环境的毁坏及人的旅游行为的异化两方面。

首先，对旅游资源环境的毁坏方面。盲目开发造成旅游资源的浪费和对环境的破坏。有的开发商在旅游区以旅游开发为名，为攫取经济利益，办起宾馆、饭店，甚至工厂，侵占绿地，填平水面，甚至不惜生态代价乱砍滥伐，造成了不可弥补的损失。以泰山索道为例，曾经开发商为修建泰山索道，把月观峰的峰面炸掉1/3，对泰山自然景观造成严重破坏。此外，还有的在旅游项目建设中盲目追求规模大、档次高，重复建设等，造成资源的浪费，如高尔夫旅游设施的建设。据环境学者介绍，修建高尔夫球场，不仅需要占用大量土地，在建设过程中还会破坏生态环境。再加上草坪的维护管理需要大量浇水和使用化学药剂，药水毒化土壤，并污染地表和地下的水源(王大悟和魏小安，2000)。

其次，人的旅游行为的异化方面。旅游行为本身是追求自然、自我释放的一种低碳环保行为，然而，物质的丰富与过度追求，旅行社与销售商的合作导购，致使旅途中造成很多不必要的消费及浪费，甚至是奢侈消费，使得人们在满足自我享受中，间接地对环境造成一定影响。追溯其原因，很多消费者高消费或奢侈消费，并非是物质上的缺乏或需要，一部分消费者是源于炫耀或从众心理。销售者售卖商品、导游努力引导游客消费，其目的主要是追求自我利益。

现代化、全球化、城市化、信息化等经济社会的发展增加了人们的物质财富，提高了人们旅游的便捷性。根据胡润百富《2015至尚优品——中国千万富豪品牌倾向报告》数据显示，中国千万富豪人数已达 109 万人，亿万富豪人数为 6.7 万人，20 亿资产以上的富豪人数超过 5 000 人，其中 1 271 人登上 2014 年的胡润百富榜。胡润研究院与亚洲国际豪华旅游博览(ILTM Asia)连续第五年合作发布《中国奢华旅游白皮书》，这份 40 页的专业报告深入研究了中国超级旅游者的旅游决策过程、社交媒体偏好、未来旅游趋势、旅游零售和送礼趋势。报告的调查结果来自 2015 年 3—5 月胡润研究院与德迈国际、奇迹旅行和鸿鹄逸游行合作完成的“2015 中国高端旅游专项调查”。调查样本为 291 位过去一年人均旅游消费在 20 万以上的中国超级旅游者，调查涵盖北京、上海、广东、天津、香港和台湾等全国 23 个省、直辖市和特别行政区，其中北、上、广一线城市占 55%。被访者平均年龄 40 岁，其中男性占 49%，平均拥有 1 个孩子，21%拥有 2 个孩子以上，13%没有孩子，孩子平均年龄 13 岁，人均财富 8 200 万，平均在国外工作/学习/生活 2 年，去过 27 个国家，坐过 2.5 次邮轮，过去一年家庭年旅游消费 36 万，人均购物金额 14 万。问题在于，这些所谓的“高端旅游者”是否比普通旅游者获得了更真实的旅游体验？“高端旅游”是否更有利于旅游意义的实现？这些“高端旅游”不过是一种“炫耀性消费”，是通过对非实用性物品的消费和铺张浪费，向人们炫耀自己的财富。这类旅游消费活动不是基于是否满足了自己的实际需求，而是为了展示自己的优越地位。当前，许多人对最新款苹果手机、豪华汽车、珠宝等的消费就是一种炫耀性消费。人们购买特定的产品不仅是因为在“消费”产品时可以使用并享受它们，人们“使用”商品和服务也是为了获得他人的认同。

恰如马尔库塞在《单向度的人》中所提到的“真实的需要”和“虚假的需要”概念，他认为，消费主义价值观是建立在人的虚假需要的基础上，所倡导的消费在本质上是和人的真实需要毫无关联的异化消费，这种异化消费既是人们逃避异化劳动的结果，同时又进一步强调了异化劳动和异化的生存方式。马尔库塞指出，当代社会通过借助科学技术带来的巨大物质财富，利用广告等大众媒体制造“虚假需要”，进而控制人的内心世界，实现其总体统治。这里所说的“虚假需要”就是指“为了特定的社会利益而从外部强加在个人身上的那些需要，使艰辛、侵略、痛苦和非正义永恒化的需要”。马尔库塞强调，“虚假需要”的内容是由个人所控制的不利的社会外部力量决定的，它在本质上是使人们丧失自主意识，其目的在于控制人们的内心世界，引导人们走向物质商品消费，而忘却对自由和解放等真实需求的追求。因此，这种“虚假需要”的消费在本质上是由社会强加于人的“异化消费”。被消费主义价值观所支配的“异化消费”不仅不会给人们带来幸福与自由，相反会使人们走向享乐主义，从而造成对自然资源的浪费和环境的破坏。

实际上，当人们将旅游这种对真善美的内在寻找与体验过程变成了一种资本主义市场消费行为，变成证明和炫耀个人成就、财产与地位的方式时，旅游就背离了它的人本主义意义，变成了一种“异化旅游”。所谓“异化”就是指主体发展到了一定阶段，分裂出自己的对立面，变为了外在的异己的力量。黑格尔用“异化”说明主体与客体的分裂、对立，并提出人的异化。马克思主义哲学认为，异化是人的生产及其产品反过来统治人的一种社会现象。马克思认为异化消费是一种“商品拜物教”，是一种非理性购物，是人们对商品的迷恋如同原始社会对图腾和魔力的崇拜。很多体育项目原本是平民的游戏，但随着商业机制的引入，参与和欣赏体育项目变成了一种富人的活动。足球运动就是一个很好的例子。“体育常常造就了一场场曝光在聚光灯下的盛宴，引得各大品牌消费者们争相前往。金钱侵袭了赛场，掏空了灵魂”(格鲁，2015)。市场使旅游异化为一种消费活动，越来越多的旅游活动与欲望、消费和购买相关。消费主义已经在很大程度上殖民化了旅游时间和空间，从而使旅游成为“异化旅游”。“异化旅游”使人成为旅游的客体和奴隶，使人在旅游过程中丧失能动性，个性不能全面发展，只能片面甚至畸形发展(如发展成消费的机器)，使人与自己疏远和脱离。“异化旅游”是一种人的本质的自我异化过程，它使人与本我、真我渐行渐远，人越来越不认识自己，自己变成了“最熟悉的陌生人”。在“异化旅游”中，人不再是主体，而是客体，人旅游的目的仅仅具有经济上的工具价值，旅游本身变成了目的，而人则沦为旅游的奴隶。奢华的高碳旅游不仅破坏环境，而且违逆人类主体价值观。近些年无论是国际社会还是中国社会，爱惜资源、保护环境、尊重个体才是主流，而浪费、奢靡、摆阔正是对社会整体价值观的背叛，为公认的国际文明准则所不齿。其实社会中凡有教养的有钱人并不追求奢华，从生活中可以看到许多这类的例子。

旅游的发展一定要符合时代的进步潮流，而以扭曲心态推出的奢华型高碳旅游，显示出来的只是违逆人类主体价值观的噪声。高碳旅游就是这样一种“异化旅游”，它不仅无助于人的主体价值的实现，而且会使人客体化和工具化。异化旅游和异化消费表明人对自己的轻视，要是一个人完全不在意内在的自己，只生活在物质中，身心全是可见之物，他生活得更是不容易。另外，如果人们的生活与消费超越自我的需求，就是在榨取下一代的资源。

由此，人们需要树立可持续消费观，进行低碳消费。在重视发展生产力的同时，合理消费，提高生活质量，从人的需要出发，保护生态环境，节约资源，维护社会公平，实现可持续发展。这不仅要求从制度上进行合理安排与保障，也需要从文化、从行为方面加以改善。

第二节　低碳旅游

近年来，随着全球气候不断变化，资源与环境对人们的生产生活的影响日益显著，全球气候变化受到了前所未有的关注，更多的人意识到这种变化及潜在的威胁，从而不得不开始反思人类活动与经济生产，以及社会的可持续发展。

如果高碳旅游是现代化的产物，那么低碳旅游(low-carbon tourism)就是后现代的价值诉求，因为“现代人统治和占有的欲望在后现代被一种联合的快乐和顺其自然的愿望代替”(格里芬，2011)。旅游其实就是一块面包、一口清泉、一片开阔的风景、一段身在异乡的时光。

旅游的本质其实是通过观察世界来重新发现和认识自我。旅游本质的实现方式是体验和沉思，而不是消费与浪费，因此旅游本应是低碳的。低碳旅游是对旅游本质的回归，而高消耗的高碳旅游则是对旅游本质的异化。高碳的异化旅游否定了人性和自由，把人沦为消费的奴隶，而低碳旅游则有助于人的主体性的重新确立。如果旅游本身就具有低碳的价值诉求，那么，旅游业为应对气候变化而进行的低碳转型实际上是一种回归，而不是适应；换言之，即使没有气候变化和环境危机，旅游也应当选择低碳实现路径。相比高碳旅游，低碳旅游更有助于旅游本质和旅游意义的实现。真实的旅游有助于人的自我提升，鼓励人们将旅游时间用于文化方面和提升自己，培养理性消费，抵制异化旅游和商品拜物教，并实现低碳旅游。从伦理的角度看，由于低碳旅游鼓励尽量少地消耗资源，因此有助于实现代际环境正义。

一、低碳旅游概述

低碳旅游是低碳经济发展的表现形式之一，发展低碳经济现已成为各国应对气候变化和转变经济社会发展方式的重要途径，也是实现可持续发展的必然选择。“夫物芸芸，各复归其根”，低碳发展，不仅要抱一守本，还需要探本溯源，在了解低碳与低碳旅游的背景下，更好地开展低碳旅游活动。

(一)背景

在应对全球气候变化、提倡减少人类生产生活中温室气体排放的背景下，低碳概念应运而生。2003年，英国首相布莱尔发表的能源白皮书《我们能源的未来：创建低碳经济》最先提出“低碳经济”概念，白皮书提出，英国将于2050年将其温室气体排放量在1990年的水平上减少60%，从根本上成为一个低碳经济的国家。同年，联合国世界旅游组织在突尼斯召开第一次气候变化与旅游国际会议，表明国际社会与旅游研究中对该问题的关注度上升。之后，越来越多的国家意识到发展低碳经济，减少二氧化碳排放量的重要性。

随着低碳理念的出现和发展，低碳旅游成为旅游业对低碳经济的响应方式。2007 年 10 月联合国世界旅游组织在达沃斯召开第二次气候变化与旅游的国际会议，会议成果即为著名的《达沃斯宣言》。同年德国旅游峰会也将气候变化作为关键议题之一。

2008 年，联合国环境规划署把 2008 年“世界环境日”的主题定为“戒除嗜好！面向低碳经济”。同年，联合国世界旅游组织发布《气候变化与旅游：应对全球性的挑战》，全面展示了第二次气候变化与旅游国际会议的成果，首次全面评估旅游业与气候变化的相互影响，并对旅游需求模式的变化、全球旅游业的减排及缓解气候变化的措施等方面提出了建议。之后，联合国环境规划署联合联合国世界旅游组织，根据《达沃斯宣言》及第二次气候变化与旅游国际会议的其他成果，提出了对各国旅游实践更具指导意义的《旅游业对气候变化的适应与缓解：框架、工具与实践》，其中明确指出旅游业要走向低碳旅游。此外，同年世界旅游日的口号确定为“旅游业：应对气候变化挑战”。

2009 年，世界经济论坛在丹麦哥本哈根举行的“气候变化世界商业峰会”上，呈递了《走向低碳的旅行及旅游业》的报告，这份由联合国世界旅游组织与世界经济论坛、国际民用航空组织、联合国环境规划署及旅游企业领导人等多方合作完成的报告明确提出要在各个部门减少温室气体排放量的倡议，表明低碳旅游正成为旅游业未来发展的趋势。同年，《国务院关于加快发展旅游业的意见》提出把旅游业培育成国民经济的战略性支柱产业，推进节能环保，减少温室气体排放，大力倡导低碳旅游方式。

2010 年，《海南国际旅游岛建设发展规划纲要》提出大力倡导发展低碳经济，全力实施低碳旅游。低碳旅游作为一种新型的可持续旅游发展形式，强调尽量减少旅游活动产生的碳排放量。2016 年在联合国巴黎气候变化大会上通过巴黎协议，各国纷纷主动提出减排策略及目标，由此，低碳经济成为全球发展的必然趋势。低碳旅游是继可持续旅游（sustainable tourism）、绿色旅游（green tourism）、生态旅游（ecological tourism）、生态足迹（ecological footprint）之后最热门的研究课题，也成为低碳经济研究、可持续发展研究、和谐发展研究最活跃的研究领域之一。

由于旅游业的发展对自然资源具有较强的依附性，并以旅游资源为依托，所以旅游业很容易受到气候变化的影响。当然，人们的旅游活动对自然资源、二氧化碳排放也具有一定的影响，旅游行为中，住宿、餐饮、交通等活动都会产生一定的二氧化碳排放，在一定程度上也在破坏着旅游资源。因此，在全球气候变化的背景下，低碳经济成为世界经济发展的必然趋势，旅游业的发展也必然走向低碳旅游。低碳旅游是应对气候变化、响应我国政府的节能减排政策，从而实现旅游业可持续发展的必由之路。

(二)相关概念

低碳旅游是低碳经济的一个方面。所谓低碳，是指较低(更低)的温室气体(二氧化碳为主)排放。从内涵上来看，低碳经济既有"低碳"之意，也有"经济"内容，低碳经济是人类社会应对气候变化和实现经济社会可持续发展的一种生存发展方式。"低碳"指经济的发展必须尽可能地减少使用碳基燃料，实现能源利用和经济双转型；"经济"指的是要在能源利用转型的过程中继续保持经济的稳定增长以及经济的可持续发展。

低碳经济的发展方向是指在维持经济社会健康、稳定和可持续发展的条件下尽可能地减少温室气体的排放。低碳经济的发展重点在于低碳，目的是可持续发展。低碳经济的发展模式是指在低碳经济的实践过程中运用低碳经济的理论组织架构经济活动，将传统的经济发展模式转变成低碳的新经济发展模式。具体来说，低碳经济的发展模式主要是指以低碳发展为发展方向，以低能耗、低污染、低排放以及高效能、高效率、高效益为基础，以碳中和技术为发展方法，以实施节能减排为主要发展手段的绿色经济发展模式。

低碳经济预示着未来经济发展的状态，低碳经济的实质在于能源效率和清洁能源结构的问题，低碳经济旨在建立一种新的能源结构，这种结构能够有效地降低能源消耗，同时减少污染物排放。低碳经济的核心指的是能源的技术创新与制度创新。低碳经济的目标是减缓气候变化，同时促进人类的可持续发展。总的来说，低碳经济就是指通过技术创新和政策措施，改革能源使用现状，建立一种温室气体低排放的经济发展模式。随着低碳经济的发展，人类的生产、生活和消费与低碳密切相关，从而引发以"低碳"为代表的新的技术标准的出现。随着低碳经济的全球化发展，一场新的产业革命蓄势待发，旅游业也正在面临转型，转向低碳旅游发展路径。

低碳旅游是旅游业实现可持续发展的必由之路，也是全球旅游业未来发展的大势所趋。低碳旅游是指在旅游发展过程中，通过运用低碳技术、推行碳汇机制和倡导低碳旅游消费方式，以获得更高的旅游体验质量和更大的旅游经济、社会、环境效益的一种可持续旅游发展新方式。低碳旅游是低碳经济的一种表现，以低耗能、低污染、低排放为基础，开展相应的旅游活动，致力于构建和谐社会、节约型社会。

低碳旅游者是消费者节能环保意识不断提高的产物，是低碳旅游活动的主体。

低碳旅游者是指那些资源选择低污染、低能耗、低排量的旅游产品，并主动承担一定的节能减排责任，在自身的旅游行为中为促进环境保护和实现可持续发展做出一定贡献的旅游者，如自行车旅游者、徒步旅游者等(马勇和陈小连，2011)。低碳旅游能否得以快速发展，最终还是取决于低碳旅游者数量及支持力度。

低碳旅游产品是指旅游经营者凭借低碳旅游吸引物、低碳交通和低碳旅游设施，向旅游者提供的用以满足其旅游活动需求的全部服务。它既可以是单个旅游景区提供的低碳旅游服务，也可以是由旅游产品组合设计而成的低碳旅游路线。它主要由低耗能、低排放、低污染的低碳旅游活动、低碳节能住宿产品、低碳环保型交通工具、低碳旅游餐饮服务、低碳旅游商品等组成，以满足消费者在旅行中的全部消费活动产品(马勇和陈小连，2011)。

在可持续旅游的发展目标下，从旅游业所涉及的技术、生产、消费、食宿等方方面面，低碳的实践活动最终将促进整个社会的低碳化发展，实现低碳经济的目标。

低碳时代将成为人类社会发展的必然趋势，而“低碳”将远远超于字面的解释，它也将成为人类用于摒弃旧有发展方式、寻求与自然和谐发展的标志。

(三)提倡低碳旅游的原因

由于人类活动、高碳行为等带来的气候变化日益明显，更多的人意识到气候变化的影响。经济快速发展，全球化进程日益加快，无论是在发达国家还是发展中国家，人们为了追求经济的进一步发展，提高速度与效率，获得更多效益，无节制地使用大量化石能源，甚至不惜以牺牲环境为代价。无序的人类活动，最终导致了全球能源危机及气候危机。低碳发展，是人类在应对气候危机的压力下，不得不奋起应战和寻找机遇的战略决策。它会带来整个经济、社会和企业等的一系列根本性变化。低碳经济主张资源节约和保护环境的经济，主张以可持续发展为目标和人与自然和谐发展的经济。

近百年来，全球地表平均温度上升 0.74 ℃，海平面上升了 0.17 m。有专家预测，到 21 世纪末，全球地表温度可上升 1.1 ℃～6.4 ℃，海平面将升高 0.18～0.59 m。全球变暖、海平面上升，不仅将会引起洪水、热浪等气象灾害，一些国家还将面临被海水淹没、冰川融化等灾难，一些病毒也将繁殖，将威胁人类健康及社会稳定。而在我们的旅行生活中，高碳行为无处不在，交通、住宿、餐饮等方面都会产生大量二氧化碳，尤其是交通产生的二氧化碳量更大。

低碳旅游将导致企业的标准，包括其价值标准和评价体系等发生深刻变化。在这场变革面前，可能会有一批今天看起来还生气勃勃明天突然死亡的企业，因为它所产生的利润远不足以抵消高排放所需的成本。或者说因超排而接受的惩罚；与此同时，也有一批企业，尽管今天看起来很弱小，但围绕着节能环保等新兴的战略性产业发展，于是在不久的将来可能会有爆发性的增长。低碳革命，对于企业来说是一个机遇，对于中国的发展，也是一场机遇。在全球低碳背景下，中国的企业要想把握机会，赢得低碳竞争力，与世界企业同台竞技，就必须以敏捷的动作跟上时代发展，旅游业更是如此，且旅游本身是较为低碳的行业，更是有低碳发展的空间与优势。旅游本来是以休闲、娱乐、自我释放为目的，然而无形中，我们在享受旅游给我们带来的快感的同时，却因高碳排放，成了破坏环境和空气污染的凶手，随着气候环境恶化程度的加深，发展低碳旅游最重要的是改变我们的旅游方式与旅行理念。

(四)低碳旅游的特征

低碳旅游是一种以低能耗、低污染、低排放为特征的旅游发展方式，是旅游业应对气候变化、实现可持续发展的有效手段。低碳旅游具有低碳环保性、教育示范性、参与普及性和技术多样性四大特征。

首先，低碳环保性。随着全球环境问题日益突出，低消耗、环保，是低碳旅游最基本最核心的特征。低碳环保性体现在旅游的“食、宿、行、游、购、娱”各个关键方面，综合考量即：旅游资源开发的低碳环保性，即用低碳材料建设旅游项目，出行时选择低碳环保型交通工具等，充分保障各项旅游服务设施、旅游产品的低碳环保性。低碳环保性还体现在旅游企业的日常运营管理过程中，低碳旅游要求旅游企业管理者在保证旅游资源环境承载量的范围内开展经营活动，并积极杜绝高碳旅游项目的开展，强调经济效益与环境效益的协调发展。低碳旅游的低碳环保性要求旅游者在旅游消费过程中，将保护生态环境、文化环境，减少自身旅游活动的排放量变成一种自发的、主动的行为。

其次，教育示范性。低碳旅游的教育示范性是指在低碳旅游活动中借助于一定的教育手段提高各利益相关者的节能减排及环境保护意识，使其认识到自身与外界环境之间的关系，了解到气候变化的严重性与复杂性，增强节能减排、低碳环保的责任感、使命感与自觉感，进一步发挥示范作用，积极带动自己周围的人参与到各种低碳活动中来。教育示范性是低碳旅游的重要特征，不仅有助于在全社会传播低碳理念，延长旅游产品的生命周期，而且有助于提高全民道德素质，增强人们的环境保护素养，改变人们的日常生活方式。

再次，参与普及性。低碳旅游参与者辐射范围较广，主要表现在：①参与人员大众化。低碳旅游是一种大众化的旅游方式，是在大众旅游的基础上发展起来的，具有广泛的群众基础，低碳旅游提倡的节能、环保、低消费也符合了大众的消费水平。②参与形式具有多样性。低碳旅游以在旅游中减少二氧化碳排放量，保证旅游质量为发展宗旨，只要是在旅游中能够降低二氧化碳排放量的旅游活动都可以纳入低碳旅游的发展范畴中，活动形式灵活多样。③低碳旅游的参与方式也很简单。例如，低碳旅游提倡自行车、徒步出游，住宿环保低碳、低耗电，减少不必要的购物与消费等。

最后，技术多样性。低碳旅游的发展还需要依靠多样化的技术进步。低碳技术是指各种可以使人类生产和生活过程中排放的 CO_2 等温室气体减少的技术总称。低碳旅游的技术多样性特征主要体现在能源利用率及旅游服务设施上。能源利用率的多样性，即通过技术进步，在提高能源利用效率的同时，尽可能地降低 CO_2 等温室气体的排放强度，这就要求在进行低碳旅游开发过程中尽可能地使用清洁能源和可再生能源。旅游服务设施的多样性是指保证在排放同等温室气体情况下，不降低旅游者的旅游体验和满意度，这就要求各种不同类型的低碳旅游设备更好地服务旅游者(马勇和陈小连，2011)。

(五)低碳旅游相关理论

1. 利益相关者理论

20 世纪 60 年代以来，企业理论价值取向的研究领域逐渐分化出两大理论：股东至上理论和利益相关者理论。两者的分歧主要在企业剩余索取权和剩余控制权归谁的问题上。股东至上理论认为："由于企业物质资本相对于人力资本更具有专用性，并承担企业经营的财务风险，所以，企业出资者应该成为企业所有者，享有企业的剩余控制权和剩余索取权。"后者则认为："人力资本所有者有权分享剩余权。"

1984 年，弗里曼在《战略管理：利益相关者方法》中提出了利益相关者理论。他认为，利益相关者包括企业的股东、债权人、雇员、消费者、供应商等交易伙伴，也包括政府部门、本地居民、本地社区、媒体、环保主义等压力集团，甚至包括自然环境、人类后代等受到企业经营活动直接或间接影响的客体。

利益相关者理论的核心思想是，企业的经营管理活动要按照纵横平衡各个利益相关者的利益要求而开展，任何一个企业的发展都离不开各种利益相关者的投入或参与。企业追求的是利益相关者的整体利益，而不仅仅是某个主体的利益。利益相关者理论要求企业管理层在经营决策中妥善处理与不同利益相关者的关系，平衡他们正当的权益要求，抵制他们的非分要求。

2. 可持续发展理论

可持续发展是指"既满足当代人的需求，又不损害后代人发展的需求"的发展方式，是人们在经济增长、城市化、人口、资源等所形成的环境压力下对发展和增长关系的反思。可持续发展强调共同发展、协调发展、公平发展、高效发展、多维发展，要协调好"发展"和"可持续"的关系，注重经济、社会、环境三位一体的可持续发展。

旅游可持续发展就是旅游业走可持续发展的经济道路，也就是在发展旅游业的同时，要协调经济、社会和环境的关系，实现环境友好的发展方式。这种发展方式既保证当代人发展旅游业的权利，又不损害发展旅游业的环境和子孙发展旅游业的权利。

实现旅游业可持续发展要着眼于可持续发展的内涵：共同发展、协调发展、公平发展、高效发展和多维发展。共同发展强调旅游业本身是一个系统的有机统一体，旅游系统中的客源地系统、目的地系统、出行系统、支持系统应共同发展，任何一个子系统都是旅游系统的有机组成部分，任何一个子系统出现问题都会影响整个系统的运转，因此要使各个子系统共同发展。协调发展是要协调好经济、社会与环境的关系。公平发展强调发展中的代际公平和空间公平，不能为了行使某一代人或者某一个地区的旅游发展权利而破坏了下一代人和别的地区的发展权。高效发展是经济、社会、环境三者协调下的高效发展。多维发展，允许不同文化、不同类型的发展模式存在。走旅游业可持续发展道路能保持旅游业健康长久发展。

3. 循环经济理论

1962 年美国生态学家蕾切尔·卡逊发表了《寂静的春天》，指出生物界及人类所面临的危险。“循环经济”一词，首先由美国经济学家波尔丁提出，主要指在人、自然资源和科学技术的大系统内，在资源投入、企业生产、产品消费及其废弃的全过程中，把传统的依赖资源消耗的线性增长经济，转变为依靠生态型资源循环来发展的经济。

循环经济是在物质的循环、再生、利用的基础上发展经济，是一种建立在资源回收和循环再利用基础上的经济发展模式。其原则是资源使用酌减量化、再利用、资源化再循环。其生产的基本特征是低消耗、低排放、高效率。循环经济以资源的高效利用和循环利用为目标，以“减量化、再利用、资源化”为原则，以物质闭路循环和能量梯次使用为特征，按照自然生态系统物质循环和能量流动方式运行。它要求运用生态学规律来指导人类社会的经济活动，其目的是通过资源高效和循环利用，实现污染的低排放甚至零排放，保护环境，实现社会、经济与环境的可持续发展。循环经济是把清洁生产和废弃物的综合利用融为一体的经济，本质上是一种生态经济，它要求运用生态学规律来指导人类社会的经济活动。

4.“脱钩”发展理论

“脱钩”是讨论资源环境压力相对于其无动力变化的方法，是指用少于以往的物质消耗生产多于以往的经济财富，反映经济增长和物质消耗或者环境承载的不同步变化关系。最初学者认为“脱钩”是可以自然实现的过程：随着经济的增长，环境压力会达到一个峰值后开始降低，与收入呈“倒 u”关系，即库兹涅茨假说。后来学者发现，实现库兹涅茨曲线效果并非是一个自然的过程，需要人为的干预。

脱钩理论广泛用于能源与环境、农业政策、循环经济等领域。

5. 吉登斯悖论

吉登斯悖论是著名思想家安东尼·吉登斯提出的关于碳排放的国际外部性和代际外部性特征的理论：气候变化问题尽管是一个结果非常严重的问题，但是对于大多数人来说，由于在他们的日常生活中不可见、不直接接触，因此，在人们的日常生活计划中很少被纳入短期考虑的范围。但是，一旦气候变化后果变得严重、可见和具体，人们会发现一切都太晚了，来不及采取行动。碳排放和碳减排的经济学本质是外部性问题。温室气体的排放和减排都是一些私人行为，但是其带来的结果却不可避免地要与其他人一起承担和分享。正是由于碳排放的空间外部性和代际外部性，减少碳排放的边际社会收益大于边际私人收益，而碳排放带来的边际社会成本却高于边际私人成本，因此国际社会对节能减排责任的讨论难以达成一致。这就是吉登斯悖论。

二、低碳消费与旅游

生活在城市里的人们，在匆忙中加快脚步，习惯了灯火霓虹、物欲横流、车水马龙的嘈杂与拥挤，在热闹的日子里，那颗平静的内心渐渐被掩藏在我们的心底，越来越多的人开始渴望更高品质的生活，这种物欲大到渴望居住在一套宽敞明亮装饰豪华的别墅里，小到一部苹果手机或者是 Guccii 眼镜。在某种程度上，这种渴望有时候更是一种对品牌的追求，因为有人会认为，品牌象征着一种社会阶层或地位，或者它象征着一种品位或消费能力，会让自看起来更有“面子”。

这种消费观念在旅游中也得以体现，然而，无形中，也间接增加了二氧化碳的排放量。经济的发展，消费方式的转变使人们在旅游中，在满足最基本的旅游前提下，对餐饮、住宿、交通等的要求标准提高，同时也会在旅游地产生一些消费，其中购物属于奢侈消费，而这种高能耗、高污染的超前的消费模式在逐渐被接受。这种消费模式的转变直接导致了消费环节能源需求的扩大，也在一定程度上导致了生产企业倾向于生产高耗能、高污染的产品，形成恶性循环。

（一）低碳消费概念

低碳消费是指在生产、工作或生活过程中，在选择生产资料或物质产品消费时，人们选择那些二氧化碳排放量较低的生产或生活方式，这是一种以“低碳”为价值取向的消费行为。低碳消费是低碳生活的一种体现。低碳生活代表着更健康、更自然、更安全，同时也是一种低成本、低代价的生活方式。低碳生活既是一种生活方式，更是一种可持续发展的环保责任。低碳生活要求人们树立全新的生活观和消费观，减少碳排放，促进人与自然的和谐发展。低碳生活是人类社会发展过程中应对气候变化的根本要求，也是人们实现生态文明、保护环境，使人类的消费行为与消费结构更加科学化的必然选择。低碳生活着力于解决人类生存的环境问题，其实质是以低碳为导向的一种共生型生活模式，它将使人类与环境和谐共生，共同发展，从而实现代际公平和代内公平。此外，低碳生活也是协调经济发展和环境保护的重要途径，它反映了人类由于气候变化面对未来发展产生的忧患，并由此认识到导致气候变化的过量碳排放是在人类生产和消费过程中出现的，要减少碳排放就要相应优化和约束我们的一些不合理消费和生产活动。

低碳消费的生活模式，顺应低碳经济的时代背景，使得我们的生活逐渐远离因能源的不合理利用而带来的负面效应，从而享受以低碳为主题的绿色生活、低碳生活，在低耗能、低排放中，履行社会公民的责任。

消费包括生产消费和非生产消费。生产消费是指生产过程中工具、原料和燃料等生产资料和生产劳动的消耗。非生产消费的主要部分是个人消费，是指人们为满足个人生活需要而消费的各种物质资料和精神产品；另一部分是非生产部门，如机关、团体、事业单位，在日常工作中对物质资料的消耗。因此，推动高碳消费方式向低碳消费方式的转变应该是全社会的共同职责，只有这样才有利于实现国家利益、企业利益和公民利益的最大化。

低碳消费方式的转变体现消费者的一种心境、一种价值和一种行为，其实质是消费者对消费对象的选择、决策和实际购买与消费的活动。消费者在消费品的选择过程中按照自己的心态，根据一定时期、一定地区低碳消费的价值观，在决策过程中把低碳消费的指标作为重要的考量依据和影响因子，在实际购买活动中青睐低碳产品。低碳消费方式代表着人与自然、社会经济与生态环境的和谐共生式发展。低碳消费方式的实现程度与社会经济发展阶段、社会消费文化和习惯等诸多因素有关。因此，推行低碳消费方式是一个不断深化的过程。

低碳消费是在后工业社会生产力发展水平和生产关系下，消费资料的供给、利用和消费理念的一种转变，也是作为消费者的我们对社会和后代负责任的一种态度。在消费过程中积极实现低能耗、低污染和低排放，文明、科学、健康的生态化消费，将使我们在均衡物质消费、精神消费和生态消费过程中，将消费行为与消费结构进一步走向理性化、科学化和合理化。

在现实生活中，消费者在购买衣、食、住、行、用等各种消费品时，低碳消费品的数量应该不断增加，这样低碳消费的效果会更为明显，由此，我们应该构建低碳消费模式。

(二)低碳交通

在交通方面，低碳出行能够给人带来更丰富、更真实的旅游体验，因为越低碳的交通方式越接近自然，速度越慢，能够给旅游主体留下充足的时间体验自然、与自己对话。快节奏的日常生活使人们遗忘了自我，也无暇去体味人生的美好。与乘坐飞机相比，乘坐火车虽然更慢，却更低碳，也有更充足的时间欣赏沿途的风景；与乘坐汽车相比，骑自行车虽然较慢，但骑车既可强健体魄又能锻炼意志；与乘坐索道相比，徒步登山对自然的感受更深刻……如果李白是乘坐索道游览庐山的，想必他也做不出《望庐山瀑布》那样的千古诗作了，因为风景“太匆匆”，人与风景之间的交流不够深刻。在徒步登山的过程中，更能感受到人的渺小与自然的神奇伟大。笔者曾两次游览黄山，第一次是在导游的指导下乘坐索道，走马观花。游览之后对黄山很陌生，对登上的最高峰究竟是莲花峰还是天都峰都“傻傻分不清”，没有感受到那种“黄山归来不看岳”的壮丽。因为那些曾徒步“征服”过的山川留下的印象都太过美好。第二次游览黄山时全程徒步，虽然十分辛苦，但被黄山的秀丽所折服。徒步登山会获得毕生难忘的体验与收获，更能获得旅游的意义。现代人越来越多地选择自驾游，但自驾游却使很多风景成了“车窗外的风景”。与全程开车环绕青海湖、千岛湖等相比，在那样环境优美的地方骑自行车的体验会更好。旅游本身不是赶时间，而是慢下来细心体验和发现，因此，为什么不选择速度更慢、更低碳的交通方式呢？

以低碳的交通方式旅游，会发现旅游并非难事，不需要那么多的资金和准备，旅游就是一种“说走就走”的事情：可以随时搭乘公共交通工具（甚至免费搭车）抵达一个目的地，然后租辆单车骑行或徒步旅行。经常能看到这样的新闻报道，“某游客‘穷游’仅花费不过 1 万元”。对于低碳旅游者来说，富裕意味着不缺少任何东西：“通过步行到达的地方都是他们的家”（格鲁，2015）。如古希腊的大儒学派常说的：“我比世上任何一位业主都富有，因为整片大地都是我的领土。我的领土没有边界。我的房屋比谁的都要宽敞。”

（三）低碳住宿

在住宿方面，旅游中的住宿更是没有高碳的必要。住宿就像一日三餐，是旅游中的必需品，但豪华酒店与豪华大餐一样，过犹不及，实属浪费。在旅游中，住宿并不是旅游的目的，而是一个临时的睡觉休息场所。再豪华的酒店都比不上自己的家舒适与便捷。很少有人千里迢迢到旅游目的地只是为了在豪华酒店住上几天，人们更愿意把有限的旅游时间花在户外的风景上。在心理上，如果入住的酒店过于豪华，人们可能更希望能在酒店多做停留，多享受些酒店的服务，这样就会减少户外旅游的时间。如果入住的只是一般的经济型酒店，人们就会将更多的时间和精力用于户外旅游项目上。如果希望将住宿也作为一种美好的旅游体验，也可以选择一些有特色的民宿、客栈等。笔者有两位职业相同、收入和家境相当的朋友各自以不同的方式带父母去三亚旅游：一位朋友为了让父母“享受”而选择入住亚龙湾的一家每晚房费数千元的五星级酒店，几天时间全在酒店消费和活动，花费数万元；另一位朋友为了让父母过得“充实”而选择短租一套可以自己买菜做饭的民宿，每天陪父母散步、观光、买菜、做饭，一个月也没花费多少钱。旅游回来后，第一位朋友对三亚的印象十分平淡，而第二位朋友则对三亚留下了非常美好的印象。哪一种旅游方式体验更丰富、更低碳？低碳旅游鼓励简单、质朴的生活方式，提供一种最基本的生活体验。单从睡眠角度来看，一张普通的床就够了，而无须睡在顶着华盖的大床上。就像喝水时，杯子是有用的，但无须使用一只镶上金边的杯子。许多豪华的东西都属于牵绊我们的无用财富。我们经常错误地认为人生仅仅意味着拥有财富，或是获取社会认同，殊不知快乐的获得非常简单。

（四）低碳购物

在旅游购物消费方面，提倡低碳购物，低碳消费。旅游本身不是以购物为目的的，否则就变成了商业旅游，购物不是旅游中的一个必要内容。旅游应当是一种最健康、最快乐的户外生活方式，但以购物为主题的旅游既不健康，也不快乐。因旅游购物而造成的各类争执与伤害频发。例如，2016 年 10 月 19 日，两名黑龙江籍游客在香港红磡民乐街一间珠宝店购物时，因购物问题与人发生争执，走出购物店时被数人袭击受伤，其中 1 人重伤昏迷，经医院抢救无效死亡。如果购物占用了大量的旅游时间，旅游就会变得不真实。如果去巴黎旅游，用一天时间去郊区的河谷街购物和同样用一天时间沿着塞纳河散步，哪一种旅游体验更真实？相比近年来中国人出国购物的狂热，西方人的旅游购物热情相对较低。许多西方人来中国旅游，除了看看风景、喝喝茶、听听戏等外，会购买一些明信片和丝绸等小的纪念品，其他购物并不多。

在全球化背景下，大部分商品在自己的家乡都能买得到，而且许多旅游商品买回来之后发现毫无价值。在旅游中之所以会购物，除了基本的生活需要外，还因为希望带回一些特别的地方特产作为旅游纪念，或作为给家人朋友的礼物。大部分真正有旅游购买价值的当地特产都是比较低碳的，因为这些特产大都没有经过长途运输，许多是农业产品或手工制品。笔者在秘鲁的库斯科古城买到当地居民现场手工雕刻的一种当地特有的奇形怪状的小葫芦，特别精致。笔者也曾陪同一位瑞士朋友在巴黎蒙马特高地的小巷里为他的朋友挑选一件礼物，他所选择的礼物竟然是一个用废旧报纸加工而成的钱包，非常轻盈和环保。

目前，国内大量的旅游区被开发建设成了购物区，周庄、西塘、宏村、凤凰等古镇都像是千篇一律的小商品集散地，丧失了其应有的古韵。一些大型商业中心竟然也成了国家 4 A 级景区（如浙江义乌国际商贸城、江苏常熟服装城、江苏扬州京华城、广东佛山国际家居博览城、四川成都海宁皮革城等）。这些国家级旅游购物景区总显得不伦不类，难道逛逛商场买买东西就算是旅游了？那我们每天逛超市、逛菜市场是不是也是一种短途旅游呢？旅游本身与购物和消费没有必然的联系，是资本主义的异化消费观扭曲了旅游与购物的关系。可能在旅游中根本不需要购物，但异化旅游者却会认为如果没有购物，旅游就不完整。这类似于人们的两种健身方式：人们每天跑步或走路健身根本不需要花钱，但消费主义者却认为健身的标准是购买昂贵的跑步机、有技术精良的锻炼器材或成为最好的健身馆的会员。如果某人没有选择这些消费，那么他的朋友将质疑他是否真的打算健身，会谴责他并没有把健身当回事。

由此可见，低碳消费是一种资源节约型的消费模式。在生活中，我们要提倡适度消费，避免自然资源的浪费，要控制现代社会中消费过度膨胀的消费欲望，从而使人们的消费模式由过度膨胀的奢侈消费转向和谐低碳的生态型消费，即从注重数量的消费模式转向注重质量的消费模式。从更长远角度来看，低碳消费方式也是一种可持续的消费模式。这种消费模式更加注重对自然环境的保护，体现了追求公平、合理、适度的消费原则，也在消费中体现了可持续发展的要求。低碳消费模式中的“低碳”价值取向，要求我们在消费活动中不仅要学会保护自然环境，更要从人与自然的和谐、长远发展的角度出发，重新构建消费观念和慎重考虑消费行为，从而实现人与社会、人与自然的和谐发展。

要做到全民低碳消费，除了低碳消费方式需要转变外，消费者的消费观念及习惯也需做出改变。消费者如何改变消费观念及习惯，更加青睐低碳产品消费，也是未来需要努力的方向。低碳消费者是指那些偏爱低碳产品的购买者。21 世纪后，低碳消费者的阵营逐步扩大。世界 500 强企业特易购公司曾在 8 万项产品上贴上“碳标识”，对这些产品在生产过程中产生了多少二氧化碳进行说明。“碳标识”计划可以帮助消费者优先采购经过生态设计或通过环境标志认证的产品。企业产品最终必须在市场上接受消费者的挑选，消费者偏好的这种低碳化倾向必将对企业的生产、管理产生深刻影响。但是，消费者习惯的低碳化意味着消费者将承担部分企业低碳转型的成本。北京大学国际关系学院教授查道炯曾指出，低碳经济是大势所趋，每个人都要为之努力，消费者不能袖手旁观。这里面消费者要承担一部分成本，不要一味强调价格低。

(五)低碳消费与生活品质

低碳消费不是刻意降低生活质量，而是一种全新的生活质量观，也是为了进一步提升我们的生活品质。低碳与发展并不矛盾，而是相互促进。在高发展水平的国家也可以实现低碳发展，法国主要以使用核能为主，其人均碳排放量比发达国家的平均水平低一半，北欧绝大部分国家依赖可再生能源，丹麦基本上依靠风力发电，挪威和瑞典则依靠水电。这些都是低排放国家，但那里的人民生活水平和生活质量却很高。低碳就是在对环境影响更小或有助于改善环境的情况下，给人们提供舒适的生活并最大限度地保护人们的生活环境。

再如中国，2015 年，我们国家提出到 2030 年的自主行动目标：二氧化碳排放量 2030 年左右达到峰值；单位 GDP 二氧化碳排放量比 2005 年下降 60%～65%，这种减排决心，不仅是维护国家形象的需要，也是国家经济发展的内在需求。中国需要通过一系列减排措施，解决空气污染问题，为人民营造一个更好的生活环境。实践表明，低碳不仅没有限制中国发展，反而促使中国的经济增长更有质量，效益更高。低碳发展之路的实现，不仅是国家责任，也是我们每一个公民的责任，作为公民，需要响应政府倡导的生态经济、低碳经济、可持续发展的号召。

低碳消费不是意味着降低人们的生活水平，这与提高生活水平并不冲突。低碳消费与提高生活品质，共同的目的都是更好地改善人们的生存环境和条件。而平衡这两者，只是需要找到一个结合点，探索一种低碳的、新的可持续消费方式，在维持高标准生活的同时，尽可能减少使用消费能源多的产品。

恩格斯曾经告诫人类："不要过分陶醉于我们对自然界的胜利。对于每一次这样的胜利，自然都报复了我们。每一次胜利，在第一步都确实取得了预期的结果，但是在第二步、第三步却有了完全不同的、出乎意料的影响，常常把第一个结果又取消了。"人与自然是相互联系、相互依存、相互渗透的：人类若能正确地进行生产、生活活动，人类的存在和发展会推动自然向更好的方向前进；自然的平衡发展又会为人的更好发展奠定坚实的基础。人与自然的辩证关系哲学为低碳发展提供了坚实的哲学基础。随着大城市的交通拥堵、空气污染等问题日益严重，生活在城市里的人们的幸福感并没有增强，反而日渐下降了。低碳消费与人们生活的幸福感息息相关，单纯追求物质与利益的经济发展模式已不适应环境的要求。

环境的好坏，关系到我们每个人的幸福感，也关系到我们的身体健康，要想增加我们的幸福感，使我们身边的环境变得更好，需要我们每一个人参与到低碳行动中。低碳不是降低生活质量，也不是让我们回到原始社会，而是要合理地利用资源，节约能源。

(六)低碳消费与生态文明

生态文明是工业文明之后人类文明发展的又一个高级阶段。生态文明强调人类整体利益的优先性，倡导全球治理和世界公民的理念。中国共产党在十七大报告中提出，要建设生态文明，形成节约能源资源和环境的产业结构、增长方式、消费方式。在十八大中，中国共产党号召：我们一定要更加自觉地珍爱自然，更加积极地保护生态，努力走向社会主义生态文明新时代。

低碳消费是一种高质量的消费方式，在这种消费观的指导下，人们逐渐认识到生活质量包括环境质量。若环境质量遭到破坏，生活质量必然会随之下降。低碳消费方式回答了消费者怎样拥有和拥有怎样的消费手段与对象，以及怎样利用它们来满足自身生存、发展和享受的需求。它是社会生产力发展水平和生存关系下消费者消费理念与消费资料供给、利用的结合方式。它使消费者以对社会和后代负责任的态度，在消费过程中积极实现低能耗、低污染和低排放。它是一种理性、健康的消费方式，其实质是以低碳为导向的一种共生型消费方式。低碳消费是人类社会可持续发展的必然要求，倡导人们选择未被污染或有利于生态环境的产品进行消费，协调人与自然的关系，是尊重自然、保护生态环境的一种环境道德，它反映了一种文化、一种文明，也反映了一种新的道德观、价值观和生态观。

低碳消费顺应社会经济发展和环境保护的时代要求，以尊重自然规律为前提，是人类生态文明建设的必然要求，与生态文明所提倡的价值观有着内在统一性。

首先，低碳消费体现生态文明人与自然和谐相处的思想。消费作为人类可持续发展的生存方式，是对社会财富与自然资源的消耗，这种消耗体现在人与人的关系以及人与自然的关系中。如何和谐处理人与自然的关系问题是生态文明的核心主题。自古以来中国就有“人定胜天”的思想，体现的是人对自然的征服与改造，而“天人合一”的思想，体现的是人与自然共生，相互协调、相互发展的思想，对提倡人与自然和谐相处、进行低碳消费具有重要的启发意义。在西方，“人类中心主义”思想长期占主导地位，认为在人与自然的关系上，自然是为人类而创造的，人是世界万物的统治者和核心。人类的一切活动都是为人类的消费利益而展开的，人对自然的征服和索取是正当合理的。随着时代发展及环境恶化，“人类中心主义”思想的局限性也日益凸显。

马克思主义自然观认为，人是从自然界产生的，是自然界的一部分，人与自然具有同一性，人本身是自然的产物，与自然环境一同发展，相互依存、相互影响，不可分割。因此，一方面，人的消费依赖于自然而又作用于自然，同时人的消费又必然会改变自然；另一方面，自然的规律又制约着人类的消费活动。低碳消费既能满足人的消费需求，又会减少对生态环境的破坏，实现人与自然共生发展。这也要求我们在处理人与自然关系的问题上，约束自我消费行为。人类有义务、有责任调整人与自然的关系，在满足自身发展和生存的同时，将社会发展和人的需要与生态环境融合在一起，合理地利用自然。

其次，低碳消费凸显生态文明尊重自然、保护自然的宗旨。人类文明的发展已经证明，竭泽而渔、将人类凌驾于其他生物物种之上、无视其他生物物种的生存权利的生产方式，将产生一系列恶劣后果，生态系统的破坏也将影响人类的可持续发展，因此，这种生产方式必定被淘汰。生态文明是生态危机催生的人类文明发展史上更进步、更高级的文化伦理形态，化解人与自然关系的危机，协调人与自然的关系，首先应该实现每个个体思想意识的转变。个人的命运总是与国家的命运紧紧地联系在一起，人类的命运与大自然的命运更是紧密相连！由此，在安于现状，享受惬意之时，也应该树立“生存危机”的忧患意识，“生于忧患，死于安乐”。全球变暖，一系列气象灾害的发生，证明人类在工业文明中创造物质财富的同时，也遭受到了大自然的无情报复。当我们在物质享受中警醒时，地球母亲已经千疮百孔！发达国家一百年出现的环境问题，在我国 30 多年的快速发展中显现。老的环境问题未解决，新的环境问题接踵而至。

面对发展困境与环境恶化的现实，十八大把“生态文明建设”与“四大建设”作为“五位一体”的建设写入报告，并第一次将生态文明建设写入了党章。生态文明建设是我们每一个公民应该承担的历史使命和责任。在过去的发展中，我们一直强调“科学技术是第一生产力”，但是科学技术可以造福人类，也可以毁灭人类。这些年，随着人们盲目地追求经济效益，科学技术成为资本的帮凶，使资本衍生出无限的欲望，追根溯源是人的意识问题。青山绿水与金山银山相互依存、共生共荣、同呼吸共命运。中华文明自古便有“忧患意识”和“过犹不及”的远见，它告诫我们对大自然的索取要适可而止。《淮南子·本经训》：“焚林而田，竭泽而渔。”就是饮鸩止渴。它警醒人类必须取之有时，用之有度！

人与自然相互依存，相互发展。康德曾说：“世界上只有两样东西让我敬畏，一个是我头顶上灿烂的星空，另一个就是心中永恒的道德法则。”人类是自然的一部分，人类在大自然面前是如此的渺小、如此的无能为力。随着科学技术的进步，人类的寿命增长、人口数目增加、生存能力提升，人类的行为对地球环境产生的影响越来越大，地球上凡是能住人的地方都已为人所占有。与此同时，由于人类的肆意妄行，地球的空气愈渐浑浊，水资源日益匮乏并且受到污染，人与自然的关系逐渐恶化。曾经，人们改造自然，为了利益挖河道，为了利益排污水，为了利益发展重工业；如今，座座拔地而起的高楼遍及全国，然而，无数座高楼现却成了空楼。自来水也不再那么纯净，连我们呼吸的清新空气，如今也成了奢侈品，而这一切的后果，需要人类用生命健康来付出代价。此时，自然的力量强大到让全球畏惧，以致现在人类开始谋划联手拯救地球，拯救自我。不得不说，太过精明的人类最后还是败给了自然法则。

由此，我们应该反思：人类能够繁衍生息至今，正是人类和环境之间不断地反复影响、妥协、共生的结果。如今，人类一味索取，肆意打破人与自然之间的平衡，导致人与自然恶性循环，最终伤害的将是人类自身。因而，我们应该像珍惜自己的生命一样珍惜我们赖以生存的环境，遵守自然法则，去保护我们赖以生存的大自然。

最后，低碳消费也有利于社会的可持续发展，而可持续发展是生态文明的依据。与工业文明相比，生态文明体现的是一种更广泛、意义更深远的公正，它不仅包括人与自然之间的公正，而且包括当代人之间的代内公正、当代人与后代人之间的代际公正。当代人不能肆意挥霍资源、践踏环境，必须为我们的子孙后代留下一个生态良好、可持续发展的生存环境。人类社会的可持续发展应该是人与自然、人与环境、人与社会、当代人与后代人的协调发展，人类的发展不仅要讲究代内公正，还要讲究代际公正。生态文明把整个物质世界视为一个动态发展的有机联系整体，指出自然生态有着自在自为的发展规律，它与人类、社会、经济是一体的关系。人类在利用自然和改造自然的过程中，应该有意识地控制自己的行为，尽力维护生态系统的平衡与稳定。低碳消费恰好体现了代际、代内消费公平的道德责任。

从代内消费公平来看，低碳消费就是人与人之间以一种平等、公正的关系共同履行对地球的责任，而不是单纯地凭借一己私欲，对生态资源进行破坏与消耗，损害人类共同长远的利益。国与国之间，也应该公正地分配世界资源，更应该共同携手应对环境问题及气候问题。各国应该以全球正义为基础，主动参与到全球治理中，根据各自的能力大小，主动分享各自的先进技术和经验，而不是以各自利益为重。“就像蚂蚁过河，成群的蚂蚁互相紧紧地抱在一起，形成一个‘蚁球’，向河里滚去，可以顺利过河。途中可能会有损失，成本需要共同承担，但这样一个蚁群能够最终存活。所以应对全球气候变化也是一样，应该靠全球共同的能力，抱团应对。”

从代际消费公平来看，低碳消费强调人类在自然资源上要公正地对待后代，当代人的消费不能危及后代人的生存和发展，也不会因要照顾后代人的消费而消极克制当代人的消费，扼杀当代社会的发展。这要求我们把享有的环境权利和应尽的环境义务结合起来，在消费时，秉持适度原则，注重资源节约，减少碳排放量，降低对环境的破坏程度，为子孙后代留下一片蓝天和清新的空气。

第三节 慢旅游的低碳回归

要实现气候变化背景下的旅游业可持续发展，就必须将作为工业化、全球化、市场化产物的高碳旅游方式转变为生态化、慢节奏化、深体验化的低碳旅游方式。生态旅游、慢旅游和气候旅游等就是这类符合低碳特征的旅游理念与方式。

气候变化迫使人们的旅游行为做出改变，需要一种新的生活哲学来平衡应对气候变化的需要与人们对旅游的需要，慢旅游就是这样一种生活哲学和旅游哲学。从快节奏、高排放的短期度假到慢节奏、低排放的慢旅游的转变是旅游业应对气候变化，实现低碳旅游的方式之一。慢旅游是放慢旅游速度，它是一种在生理上和心理上重新发现自我的旅游方式，也是一种温室气体低排放的旅游，要求旅游中有耐心、平静之心。慢旅游之所以是一种低碳旅游，是因为往往速度更慢的旅游形式所消耗的能源、水资源和空间等更少。

一、慢旅游的概念

旅游业适应气候变化需要旅游理念与方式的变革，慢旅游就是这样一种变革。所谓慢旅游(slow travel/tourism)，就是放慢节奏的旅游方式，它是对旅游活动效率反思的产物，是对休闲心态调整、闲暇时间管理、旅游速度控制进行创新的结果。慢旅游要求游客降低旅游的速度，减少来自工作和旅游的压力，专注于旅游与休闲本身，以便于重新发现自我。慢旅游反对乘坐飞机等快速交通工具，其更重视旅游的过程，认为旅游的过程和旅游的目的地同样重要。慢旅游要求游客前往的旅游目的地更少，但在每一目的地停留的时间更长(Buckley，2011)。慢旅游是替代性旅游的一种，是可持续旅游、文化旅游、深度体验旅游、乐活休闲旅游、社区旅游、负责任的旅游等理念的综合体现，代表着未来旅游的发展趋势(李庆雷，2013)。在慢旅游中，人们追求的是真正的体验，而非舞台式的观赏。

相比传统旅游，慢旅游就像“慢食”与快餐的对比。慢文化起源于20世纪80年代的意大利的慢食运动。当时，伴随着经济全球化浪潮的兴起，麦当劳、肯德基等美式快餐店也紧随其后扩展到世界各地，意大利也不例外。但强调速度与标准的美式快餐和追求品位与情调的意大利慢餐格格不入，美式快餐不仅冲击了意大利的特色饮食，还严重影响到当地的传统习俗和生活节奏。为此，意大利人彼得里尼成立了“国际慢餐协会”抵制快餐，倡导人们放慢节奏，享受美食，并从慢餐开始，改变过快的生活节奏，回归传统。慢食运动的“放慢节奏，享受生活”理念又引发了慢城运动，随后慢城运动便迅速扩展到全球。随着慢文化的发展，慢旅游也逐渐受到越来越多的关注。迪金森(Dickinson)从气候变化的角度，对旅游模式的演化进行分析，认为慢旅游是一种低碳旅游模式，符合可持续发展规律，进而引出慢旅游模式，并对慢旅游的主要内容和特点进行了说明。

慢旅游的基本理论包括：3S、3L、3N、3C和3R。

所谓3S，就是Slow、Simple和Small。Slow(缓慢的)是慢旅游的最基本特征，主要体现在旅游活动的速度和节奏上。慢旅游是对速度控制型旅游活动方式的一种反思和改革，是建立在对闲暇时间价值和利用方式的重新认识这一基础之上的。作为对速度崇拜的扬弃，慢旅游的核心理念之一就是减速。缓慢的节奏是保证实现旅游活动目标的基本前提条件。例如，不少团队游客在罗浮宫蒙娜丽莎画像前停留的时间还不足几秒钟，甚至连她的微笑都没看清，更别说在她的微笑中沉思和感动了。“所有让行走者远离时间和空间束缚的能量，都贡献给了速度”（格鲁，2015）。慢旅游意味着对快速的忽视，印度的“圣雄”甘地曾对机器、快速消费和盲目生产提出质疑，他在文章《印度自治》中提倡维护传统，放慢步调前进，他认为，真正的对抗并非存在于西方与东方之间，而存在于一种提供速度、机器生产、力量积累的文明，与另一种专注传承、祷告、手工业的文明之间，并质疑了现代文明。

Simple（简约的）源自一种建筑设计理念，提倡将设计的元素、色彩、照明、原材料简化到最少，但对色彩、材料的质感要求很高。这一思想体现在慢旅游中，就是旅途中对物质方面（如行李、住宿条件）的要求相对较低，但对品质的要求却比较高，讲究一定的品位与格调，追求精神文化需求的满足。

Small（小规模的）与某一次慢旅游活动的参与人数与游伴有关。相对传统的大众旅游而言，慢旅游的人数相对较少，大规模的旅游团队成员很难达成共同的动机和节奏。人们在慢旅游时一般采取家人、同事或朋友结伴出行的方式进行，规模比旅游团队要小得多，对旅游地环境与文化的影响也小得多，同时志同道合的游伴也有利于旅游活动中的交流与合作。

所谓3L，指的是Long，Low和Lohas。Long（长期的）是指人们在进行慢旅游时，所到目的地数量少但在某一旅游目的地停留时间长。慢旅游是在有限的旅游目的地放缓旅游速度、停留更长时间的旅游方式。时间压力和过度流动性对很多个体来说都是有害的、不平衡的。

Low（低影响的）指出了慢旅游对可持续发展的可能的贡献，体现在自然环境与社会文化两个维度。慢旅游首先是基于航空与汽车之外的交通手段，即提倡放弃航空、私家车为代表的高碳出行方式，而根据实际情况选择自行车、徒步或其他公共交通工具。除此之外，慢旅游还强调保护自然的步调，不改变当地人生活节奏，不为满足旅游者单方面的需求而影响当地的自然与文化生态系统。从这一点来看，慢旅游体现了可持续旅游的观念，与当地倡导的低碳旅游也有紧密关系，是一种替代性旅游方式。

Lohas（乐活的）是由英文life-styles of health and sustainability的首字母组成，是20世纪90年代末由美国社会学者Ray和心理学家Anderson提出的，其核心理念是倡导“成长、环保、健康、分享、实用、时尚”的生活方式和生活态度，迅速地被越来越多的人接受。乐活族提出了自己的十大宣言，具体为“我会注意自我成长、终身学习、灵性修养，并关怀他人”“我会经常运动、适度休息、均衡饮食，不把健康的责任丢给医生”“我支持有机（无毒）农产品，并尽量优先选用”，这些自我发展、公益、环保理念也是慢旅游行为的基本准则。

3N 指的是 Natural，Native 和 New。Natural(自然的)强调对自然的回归，享受宁静的氛围，发现自然界的美丽与奥妙，对不同生态系统的深刻理解，与大自然和谐相处。从一定程度上说，这也体现着人性的回归。第二层含义就是奉行尊重自然的理念，不破坏自然环境，不对生态系统施加负面影响，优先选用具有环保标志的产品和接待场所(如绿色酒店、餐厅)，并力所能及地为提升旅游地生态环境质量做出自己的贡献(如植树造林、支持减碳行动)。

Native(本土的)则首先注重地方感，强调对旅游地地方文化的认知和学习，以使得旅游者对“地方”的概念更清晰。这就要求全面了解旅游地的自然环境、历史沿革、民俗风情、经济发展状况，并通过比较发现与其他地方的差异。其次，注重地方性知识的挖掘、传播和利用，如傣族生态文化、佤族医药文化、白族传统工艺。最后，慢旅游的 Native 理念还包含优先选择本土的原料、技术、产品和服务的含义，以减少旅游漏损，扩大乘数效应，促进旅游地经济发展，尤其是对欠发达地区而言。

New(崭新的)是从结果上来说的，强调慢旅游的重要目的在于发现一个地方的独特之处，或者发现新的吸引物。旅游者不再满足于旅游指南上反复出现的那些标志性景点，而是寻求新的、尚未吸引大众游客造访的景区。同时，New 还有另一层含义，那就是在慢旅游中摆脱匆忙感和压力感控制下的日常生活，重新认识自己的真正需要和理想，发现另一个自己或自己的另一面，使自己通过旅游获得“新生”，实现人生的某种转变。

3C 是 Culture，Communication 和 Change。Culture(文化)指了解当地文化。在旅游中，了解一个地方的文化，应该而且可以采取更为灵活多样、形象生动的方式，这些方式通常是人性化并且充分利用技术成果的。在慢旅游中，人们不再满足于做历史遗迹、民族文化、文化创意景观的旁观者，而是希望能够参与其中，获得相对真实的感知和深度的体验。博物馆、民族村寨、文化名城，不是人们应该“参观”的地方，而是人们应该“参与”的地方。

Communication(沟通)是指与社区居民进行交流。不少人花了很多钱去外国旅游，却尽可能不与当地的人民、文化进行较多的接触。这一方面与团队旅游的制度化安排有关(紧张的时间、固定的路线和导游的陪同形成“旅游罩”，约束了游客与陌生环境和人们的接触与交流)，另一方面还与旅游者的素质与需求相关。在慢旅游中，人们坚信旅游的目标是在相遇、交流、对话、游戏中实现的，因此更加注重与社区居民的交流。例如，非旅行社组织的藏民家访就是值得提倡的形式。

Change(改变)意指谋求自身改变。这是慢旅游的隐性目标或结果，可以表现为不同的层次。例如，低级层次的开阔视野、增长见识，中间层次的接受新事物、获得新技能，高级层次的重新认识自我、调整发展方向。在慢旅游中，部分游客因为在尼泊尔、滇西北徒步旅游中的所见所闻和亲身经历而改变了自己的生活理念和工作方式，少数人甚至放弃了舒适的都市生活和令人羡慕的工作而回到曾经走过的旅游地，这种现象在大理、丽江、迪庆都不同程度地存在着。对慢旅游者而言，每种生活都有它有趣的地方。

3R 指的是 Ready，Random 和 Reflect。Ready 指的是精心准备。传统旅游者往往借助旅行社完成旅游活动，包括行程安排、预订酒店、餐厅，然后在领队和导游、讲解员的带领下完成游览。与此不同，进行慢旅游的游客从选择目的地开始，就自己搜寻资料、筛选信息、比较方案、安排行程，进行较为全面、精心的准备。虽然要花费不少时间和精力，但通过这一过程，旅游者对目的地有了更多的了解，他们带着有准备的头脑去观察和欣赏，就为获取深度体验奠定了基础。

Random 指随遇而安。现在的团队旅游通常日程安排颇为紧张，游客几乎没有时间进行随机的活动。而在慢旅游中，游客时间充足、节奏缓慢，不用匆忙地从一个景点赶往另一个景点，在旅途中遇到自己感兴趣的事物时，可以自行调整活动安排表，因外部条件如天气、交通时刻等发生变化时，也可以心平气和地灵活应对，就像北京飞往澳门的航班因大雨延误时，4 名音乐家在机舱里举办的那场“即兴演出”一样。这种随遇而安的心态是缓解匆忙感和压力感的重要条件，也是慢旅游得以实现的心理基础。

Reflect 指及时反思。传统大众旅游因其表象化、肤浅化而受到批评，这种纯粹的消遣式旅游随着新旅游者群体的壮大而日益没落。“闲暇”这个词绝不反映一种不应提倡的惰性，而应该是一种发挥个人主动性、想象力和创造性的劳动。这句话在很大程度上揭示了新时期慢旅游的真谛。在慢旅游中，旅游者摒弃了享乐主义的旅游观，认同积极的休闲旅游方式，愿意接受新知识、留意周围环境，喜欢思考和创新，善于结合旅途所见所闻对自己的人生进行反思，更加关注旅游中的收获。从现实来看，他们中的相当一部分属于知识型游客、思考型游客、创意型游客。在比利时的一项调查中，近 60%的被调查者表示，与不断往返多个地方相比，自己更喜欢长时间待在同一个地方。年长者做出这种选择的可能性高于年轻人(格德纳和里奇，2014)。

笔者骑车上班途中，除了会欣赏沿途的风景外，还经常会触景生情，产生一些写作灵感；而若是开车上班，则一路精神集中，满脑子都是路况和安全问题，不可能产生思想，也不可能思考——否则一出神，后果很严重。在慢旅游中，一个人与其说用眼睛看世界，不如说更多的是用心感受世界。除了眼睛，还有鼻子、皮肤、耳朵、通感、回忆、交谈，以及类似无所事事的安宁。在慢旅游中，甚至都不需要使用照相机，因为照相机常常打断了旅游者更多的感受，将心灵的活动悄悄转换成技术性的劳动。经常看到一些业余游客拿着高端单反相机，像专业记者一样不停地忙碌拍照，这严重影响了旅游中感受世界的心情。

二、慢旅游的低碳意义与哲学意蕴

慢旅游是一种低碳旅游行为。慢旅游指的是以更慢的速度去更少的目的地，但在每个目的地停留更长时间。慢旅游所挑战的是旅游时间、旅游活动和把游客送到旅游目的地的交通方式。气候变化迫使人们的行为发生改变，由高碳旅游行为转变为低碳旅游行为。

从温室气体排放上看，慢旅游是一种低污染、低排放的旅游方式，因为它减少了旅游次数，增加了停留时间。在一个目的地尽可能待久一些。如果没有那么长的假期，那么宁可减少旅游的次数，也要保证每次出行的时间更为充裕。即便仅从环保的角度，这样的旅游也是更低碳的。慢旅游要求把旅游本身看成旅游不可分割的一部分。例如，不仅要享受海南岛和鼓浪屿的风景，也要享受乘坐轮船登岸途中的风景。再如，过去乘坐绿皮火车到遥远的地方旅游，由于时间漫长，人们会用心欣赏沿途的风景，会在旅途中更多地聊天、交友、进行棋牌活动等，对目的地也更期待，更用心地了解当地的风土人情，在目的地停留时间也更长——因为去一趟不容易。由于慢旅游侧重的是游客主观方面的情感感知、文化体验等旅游感观精神方面的旅游心理等软要素(曹宁和明庆忠，2015)，而不是公共服务设施等旅游硬要素，并且由于慢旅游模式所选择的是相对较慢、较简约的旅游方式，因此，慢旅游所消耗的能源、水和空间都更少，温室气体排放量也较少。

可以从慢旅游的不同方面来发现慢旅游的低碳意义：

(1)慢交通。“慢交通”(slow transport 或 soft mobility)指的是使用低速、节能的交通系统，如使用景区的自行车或电瓶车。现代化的旅游方式使旅游变得越来越快，人们不愿在旅游上浪费时间，但慢旅游却对低速度、低污染、低排放的旅游交通方式情有独钟，因为污染和排放最小的交通方式也往往是最慢的交通方式。慢旅游的交通工具包括火车、自行车、帆船、骑马、徒步等。慢旅游要求尽可能地选择移动速度更慢的交通方式：在火车与飞机之间选择火车，在巴士与小汽车之间选择巴士，在自行车与摩托车之间选择自行车，在帆船与摩托艇之间选择帆船，在索道与徒步之间选择徒步等。徒步是一种最慢、最低碳，也最有哲学意蕴的旅游方式。行走也是让人放慢脚步的最好途径。行走时最重要的因素永远只有一个：天空的广度和风景的亮度。一次在山中的远足也可以成为一种让我们靠近本真的方式。

对应对气候变化而言，速度更慢的交通方式往往也是污染更小、温室气体排放量更低的交通方式：乘火车比乘飞机排放量小、乘坐大巴比自驾小轿车排放量小、骑自行车比骑摩托车排放量小、使用帆船比乘坐汽艇排放量小、徒步登山比乘坐索道排放量小。在慢旅游交通中，人们不仅有更多时间感受自然的神奇，也有充分的时间收获人间真情。例如，在钱钟书先生的小说《围城》中，主人公能够在从欧洲缓慢驶回中国的邮轮上收获一段爱情；在电影《泰坦尼克号》上也发生了凄美的爱情故事。

(2)慢休闲。“慢休闲”(slow leisure)指的是以缓慢的心态和节奏参加旅游目的地的活动，以增加停留时间。休闲的关键是个人如何利用时间和空间为自己带来愉悦和改进。虽然人们的各种假期越来越多，但每次假期的时间却越来越短，人们所追求的旅游速度越来越快。但高速穿梭于不同目的地的传统大众旅游却造成了高排放和高污染，在气候变化背景下，这种旅游方式必须做出改变。慢旅游要求出行的频率降低，但在旅游目的地的停留时间更久。慢旅游的宗旨是在总量上更少地度假(Matos，2004；Dubois and Ceron，2006)，但每次度假的体验更为深刻。人们在一个目的地停留数天，所参与的休闲活动可能只是喝茶、聊天、下棋、打牌、阅读、垂钓、骑车、散步、放风筝、吹海风、晒太阳等，这些活动不仅低碳，有助于增加人们的停留时间，也可以让人充分地享受闲暇时光。

(3)慢消费。慢旅游有助于让人萌生简单生活的愿望，让人们明白：当我们放弃一切时，恰巧是获得一切的开始；当我们无欲无求之时，恰巧得到的却很多。唯有人类命运才是应该在历史上留下浓墨重彩的一笔——而不是各类消费品。为了获得质朴生活的必需品，我们只需每周工作很少时间就足够了。其余的工作时间都是为了那些无用、浅薄、奢华的物质享受，这种对物质的无尽欲望终将吞噬生命的本质。虽然乘坐豪华座驾也可以旅游，但为了获得这类出行工具，人们要付出多少个日夜的工作。车辆穿越一段旅程也许只需要一天，而为了拥有这辆座驾往往需要付出数月甚至数年的辛苦劳动。人们在漫长的旅游过程中，常会在通过一个路口时，发现一片新的风景。“身体在经过努力付出和不断攀登后，调转方向，瞥见自己脚边突然增添了一片广袤的土地；或是在路边拐角处，见证一场风景的蜕变：陡然跃现的连绵山脉和随之呈现的壮美景色已经在一边悄然等待着我们的到来”(格鲁，2015)。质朴生活是对朴实无华的不懈追求，以及在简单事物中找寻真正的快乐，其实对于质朴生活的信奉者来，拥有清水、蔬果、微风就足以发现生命的乐趣。

慢旅游有助于培养慢消费的习惯。“慢消费”(slow consumption)指的是以缓慢的节奏进行谨慎的、体验式旅游消费。旅游消费是旅游体验的一部分，旅游中的慢消费有助于增加旅游的美好体验。例如，在慢旅游中自己到旅游目的地的农贸市场购买当地的土特产品、手工艺品，品尝当地的特色美食小吃等。这种慢消费是一个寻找的过程，需要细心观察和发现那些真正属于当地的特色商品。这类特色商品许多是本地手工生产的农副、手工产品，相比那些从外地长途运输来的商品，碳排放量非常低。慢旅游让人拒绝履行消费生产品的义务，拒绝为消费而工作。

慢旅游既是一种降低温室气体排放的低碳旅游行为，也是一种对旅游意义的回归，更是一种生活方式的价值转向。换言之，除了环境意义外，慢旅游还是一种新的自我组织形式，它促使人们发现身边的美景，以及更充分地履行个人的社会责任，减少温室气体排放。可见，除了有利于个人履行低碳社会责任的气候意蕴外，慢旅游还具有哲学上的意义。慢旅游是一种新的存在主义式哲学，它强调感受与体验的真实性，强调经验、分享与交流，以及身心与外部世界的和谐。慢旅游是一种认识自我的新方式，是一种生活哲学与伦理理念，它要求游客通过不急不躁的深度旅游体验，用耐心、细心与平常心去理解和认识世界，并在此过程中重新发现和认识自我。

慢旅游不仅有助于低碳旅游的实现，也是对现代社会高速发展所带来的病态的一种简单治疗手段，它有助于我们暂时逃避喧嚣，重新反观自己的内心。在大众生产和消费的时代，每个人都试图获得更多的收益，大自然在人们心中也变成了一口汲取利益的深井。面对没有节制的致富愿望以及对生产物资的盲目开发，梭罗提出了一种新的经济理念，即不再考虑某项生产活动带给我们的收益，而是关注这项活动所消耗的内容。“无论是从短期还是长远来看，一件事情的收益总和它的消耗成正比”(梭罗，2015)。从传统经济学的角度看，低碳的慢旅游就是浪费光阴，甚至是一段死去的时光。因为它完全无法进行生产，创造财富。然而，对于我们的内心和生活来说，慢旅游所带来的收获却是巨大的：因为在这段时光里，我们不会受到日常琐事的侵扰，不会被烦恼折磨得晕头转向，也不会被那些无休无止的谗言束缚。事实上，慢旅游是一种“自我的资本化”。在慢旅游过程中，我们屏息聆听，时而又陷入沉思：大自然从不算计，把它所有的色彩都献给了每一个人。对于我们来说，这何尝不是一种收获。利益和收获的区别在于：能获得利益的活动，往往由他人替我完成，最后由他人获得财富。相反，带来收获的活动常取决于我们的姿态、行为以及生命中的重要时刻。

时代纷繁复杂，忙碌的人们终要面对自己的内心。梁漱溟先生在《这个世界你好吗?》一书的后记中指出，人类面临三大问题，顺序错不得：先要解决人和物之间的问题，接下来要解决人和人之间的问题，最后一定要解决人和自己内心之间的问题。从小求学到三十而立，就是在解决人和物之间的问题，要有学历、工作、房子、车子、位子等物质；而后为人父母为人子女、为人上级为人下级，解决人与人之间的问题；但随着人生脚步的前行，走着走着，便依稀看到生命终点的那一条线，什么都可以改变，生命是条单行道的局面无法改变。于是，不安、焦虑、怀疑、恐惧等接踵而来，人该如何面对自己的内心？慢旅游不以走马观花式地参观景点为重点，而是更沉迷于体验另一种生活方式的可能性。旅游如果被效率所左右，那么它将与工作没有任何区别，同样，旅游过程中如果过度强调效率，就失去了旅游的本来意义。在异化旅游中，人们走得那么快，就好像担心无法到达终点一样。速度常会给人带来“节约时间”的错觉。确实肤浅的计算也印证了这一说法：在两小时内完成一件事情的确比三小时内完成少了一小时。然而，这是一种抽象的计算方式。这种计算方式的错误在于，人们误认为一天中的每个小时都像机械时钟上的刻度一样完全相同。事实上，仓促和速度会加速时光的流逝，匆忙度过的两小时会缩短一天的长度。缓慢旅行的一天是漫长的，因为它能够延长时光，任由我们自由呼吸，并让每一小时、每一分、每一秒都更富有内涵，而不是一味地去填充每个时刻。缓慢就是和时间的完美贴合，时间的延伸也会开拓空间的广度。这正是慢旅游的微妙之一：对风景的缓慢靠拢，让我们与它更为亲近。旅游的节奏越从容，越能融入当地生活，越能接近他们的初衷。因此，慢旅游是对旅游意义的回归，它要求游客回归旅游的本质，关注内心的体验与需求，也有助于培育游客对自然环境与气候变化的个人责任意识。

慢旅游中强调充足的时间和游客对闲暇时间的自主性，除了保证了解当地文化、与社区居民进行交流、发现新的东西、提升旅游收益之外，还具有重要的社会意义。艺术、环境资源、历史、遗产、美食、传统都能在慢旅游中被发现。人们可以通过慢旅游发现自己从视觉、嗅觉到味觉的感知能力，倾听自然，惊叹大自然的鬼斧神工。慢旅游不再是为了赶场而来去如风，而是惬意地沐浴在风中，发现最纯粹的风景，不放过任何一个值得我们驻足的细节。慢旅游也不再是为了证明匆匆足迹留下的影像，而是放弃照相机，带一个故事回家，是实现旅游本质的精神回归。慢旅游也是一种深度旅游，是一个文化的浸入过程，主张扎进一个陌生地方沉淀自我，融入当地的生活，充分了解当地文化。慢旅游主张在旅游地居住一段时间，最好住在当地人家里或者租住专门给游客准备的出租屋，像居家生活一样，亲自到市场买菜、做饭，在城市或乡村随意游逛，没有特定的目的地，不以留念为目的，而是为了体验另一种生活。慢旅游强调的是在一个旅游点真正“生活”过，而不仅仅是停留过。换一种旅游心态，不要将旅游看作一个被动的客体，而是试图将旅游当作自己的一部分生活，在欣赏美景的同时试着别把自己看成旅客。

慢旅游可以提升人对环境的感知能力，使人通过体验自然来更好地了解内心，达到与自己对话的目的。在追求经济快速发展的时代里，人们旅游多数是利用飞机、火车、汽车等交通工具快速抵达目的地，快速匆忙地游玩、体验后，又快速返回始发地，开始自己的日常生活。事实上，这种对速度的病态渴望，影响了对道德的考量，而且在快速旅游中，产生了大量二氧化碳，同时也造成了大量资源的浪费，在某种程度上，这已经失去了旅游的本质意义。

慢旅游可以提高人发现美的能力。随着人们旅游节奏的放慢，内心会更平静、更细腻，有更多的时间去慢慢品味身边的点点滴滴。慢旅游的心态用在日常生活中也会让我们发现，原来风景就在身边，只是我们平常缺乏慢下来欣赏风景的心境罢了。在这个快时代里，放慢旅游的脚步，可以让我们的心灵得到回归与释放。在快节奏里，身体的疲惫与劳碌会让我们忽略内心的自我反思，也会让我们忽略沿途的风景；而放慢脚步，可以让我们更加细致地品味旅游中的人和事，更多地去反思生活。旅游，在某种程度上，最有魅力的不仅仅是在目的地游玩、观赏，在旅途中遇到一些人和事，目的地表象背后隐藏着的历史、蕴含的文化，在某种程度上，都是旅游中的一道风景，但这道风景，需要用慢的心境去体验与感悟。

笔者的办公楼后有一片清幽的园子，平时推开窗户就能看到园子里的小桥、湖泊、绿树和翠竹。笔者认为这是现工作的大学里最有“大学味”的所在，非常适合晨读、散步、发呆，甚至谈恋爱。但遗憾的是，这里很少看到学生的身影，这是一个被人们遗忘的角落。有一天早晨，笔者到办公室后发现把钥匙忘在家里了，于是打电话让家人送过来。在等待钥匙的时间，来到园子中，坐下来取出随身携带的书籍阅读。园子里十分清静，只有湖边几位安静的渔翁、树林里叽叽喳喳的鸟儿和湖面上悠闲游荡的野鸭。笔者平日对这片园子无人光顾的遗憾一下子消失了，因为正是如此，才可以使人独享这份清静。其实，笔者平时也未曾珍惜过这一近在咫尺的好风景。或许其他人也一样，都在忙碌，人们情愿将时间浪费在手机和网络上，也不愿停下脚步驻足欣赏这美景。当笔者正在这清静中阅读和静思之时，手机响起，家人把钥匙送到了。若是平日，必定是急匆匆去取钥匙，但那一天却在心里抱怨钥匙为什么送来得这么快。那天早上虽然在园子里只待了半个小时，却有种“偷得浮生半日闲”“无事即神仙”的惬意。平时完全可以放下手头的工作，关上手机，带上书和纸笔，寻觅一处安静地，静静地待上几个小时。

慢旅游是一种诗意旅游，许多优美的诗篇与杰出的藏作都是古人在旅游途中所创作的。古人没有快速交通工具，也没有快速留影的手段，于是他们只能用明亮的双眼和细腻的内心去观察和体验旅途中的人和事，他们也因此为后人留下了许多脍炙人口的诗句和传世画作。唐代伟大诗人李白一生游历神州大地，每游览一地，都会留下大量绝美的诗作，如《早发白帝城》(长江三峡)、《黄鹤楼送孟浩然之广陵》(湖北武汉黄鹤楼)、《望庐山瀑布》(江西九江庐山)、《赠汪伦》(皖南泾县桃花潭)、《望天门山》(安徽当涂天门山)。古人的旅游无疑是慢旅游，主要的长途交通工具是零碳排放的轻舟和马车。但正因为有这些慢旅游方式，他们才有更多的时间感受世界，因而他们的旅游收获和体验远比拥有现代化高速交通工具的现代人深刻。

柏杨先生说："两点之间的直线最短，这是物理学上的；在人生历程上，最短距离往往是曲线的。"(柏杨，2014)。作为一位一生都在磨难中度过的老人，柏杨先生认为人生在于体验和经历，而不在于投机取巧，走直线。旅游的目的也是增加人生的体验，因此，不必急于"赶路"，完全可以慢下来，少乘飞机、少开车，多走走小道和弯路。人生就像一场旅游，人生的终点都一样，谁都躲不开，我们又为什么要那么急切地奔向终点呢？有个寓言说，一群人急匆匆地赶路，突然，一个人停了下来。旁边的人很奇怪地问他："你为什么不走了？"停下的人一笑："走得太快，灵魂落在了后面，我要等等它。"我们都走得太快，然而，谁又打算停下来等一等呢？如今，汽车已取代自行车成为国人的主要出行工具。人们总觉得速度还不够快，不愿放慢脚步。日常生活里，即使偶有堵车，汽车的速度也比自行车要快得多，但路怒症却不断涌现。

慢旅游推崇的是慢节奏，而慢节奏并不是要摧毁市场经济体系，只是试图使其更符合人性。人们努力工作的目的不是成为生产和消费的奴隶，而是提升人的道德境界，使人能够全面自由地发展。慢旅游可以让我们远离许多畅销书中那种一夜致富的工具理性与快餐文化，并创造一个人们可以抵制时间日程压力以及尽可能快地做任何事情的环境——或许只是静静地读一些与金钱无关的文字。现代人的生活与工作压力远远大于古人的，现代人也比古人更需要旅游，因为许多人把旅游作为一种释放与减缓压力的"疗伤"过程。但只有简单、简朴的慢旅游才具有"治疗"功效。就像我们很难在快餐店里赶着时间品味美食，但如果在西餐厅里听着优雅的音乐，即使是同样的食物，也会感觉味道美妙很多。

慢旅游要对抗的就是日常生活的快节奏和压力。慢旅游让我们学会停留与欣赏，而不是消费，它是一种完美的自我发现之旅。慢旅游必须遵循两大基本原则：从容进行、属于特定地方。前者强调的是缓慢、减速，以减少压力感、匆忙感，使旅游者重获自由感、控制感；而后者则注重对旅游对象的认知、理解、欣赏和发现，在慢慢观赏、细细品味之中寻找旅游地的不同之处。就像慢食运动拒绝标准化、规格化的汉堡类食品，鼓励人们即使在最忙的时候也毋忘本国的美食，并以更缓和的步调去培植、去烹调、去食用一样，慢旅游则鼓励人们进行更加深思熟虑的旅游。慢旅游让我们少一些追赶，多一点等待。同一个地方在不同的时段，有可能呈现完全不同的气质。例如，等待夕阳一点点地落下，或等待朝阳渐渐升起。笔者曾在内蒙古巴彦淖尔市乌拉特前旗的乌梁素海等待夕阳西下，并拍摄到了绝美的景色，这样等待的过程，身虽未动，心已千里。

慢旅游要求旅游者在旅游过程中探寻旅游的本真，进而实现旅游本质的精神回归。对慢旅游者而言，旅游不再是购买一些纪念品，拍几张照片，而是要带回来一个故事。即使只是晒晒太阳，发发呆，也是一种无可替代的旅游体验。尤其是在闹市之中，哪怕寻一处公园，停下脚步，坐在草坪中，静静沐浴头顶阳光，也是一种灵魂的释然与自我放空。在越南的东南部海滨，有一个叫美奈(Mui Ne)的小渔村。这里虽然没有丰富的海上旅游项目、豪华的度假酒店、便捷的交通与生活设施，但聚集了大量来自西方的游客。许多游客会在这里待上几天甚至几周，而每天的活动就是游泳、看书、晒太阳。笔者在此租住了三天的旅馆的老板竟然是一位来了就不愿离开的德国人，在那里，旅游就是让时光慢慢流逝。

第三章　低碳旅游产品开发

低碳旅游产业发展模式的创新，最为关键的环节是低碳旅游产品的设计与开发，事关低碳旅游产业发展模式与产业链建构的成功与否。本章笔者将在旅游经济学基础上，依据旅游产品的内涵，论述低碳旅游产品的内涵、设计与开发问题。

第一节　低碳旅游产品开发概述

一、旅游产品

（一）旅游产品的内涵

旅游产品(tour products)是旅游业者利用旅游资源，提供给旅游者的旅游吸引物与各种旅游服务的组合，也是旅游者满足旅游需要、获得旅游经历的基础。首先，从旅游者需求的角度出发，可认为旅游产品是指旅游者花费一定的时间、精力、费用所获得的经历和感受，强调旅游者的旅游体验。其次，从旅游经营者和供给角度而言，旅游产品是指旅游目的地为满足来访者的需求而提供的各种旅游活动、接待条件和相关服务的总和。概括起来，旅游产品是指以旅游吸引物为前提，以旅游基础设施为保障，旅游产品经营者为满足旅游者需求、实现旅游者的目的所提供的全部实物和劳务，由旅游资源、旅游设施、旅游服务和旅游商品等多种要素组合而成，其特征是服务成为产品构成的主体，其具体表现主要有线路、活动和食宿。

旅游资源不同于旅游产品。旅游资源具有广泛多样性，区域独特性，群体组合性，季节变异性，价值不确定性、永续性和不可再生性以及观赏性，它的旅游价值体现在对游客的吸引，其本体存在不以个人意志为转移，旅游产品是旅游资源的具体化。

（二）旅游产品的构成与特点

1. 旅游产品的构成

旅游产品种类丰富多样，其构成也是复杂多样。根据物质构成，分为旅游资源、旅游设施、可进入性和旅游服务四部分。根据要素构成，分为低碳旅游吸引物、旅游设施、可进入性和旅游服务。根据利益构成，分为中间商追加利益和自身展现利益、旅游者的审美与愉悦利益。根据存在形态，则分为有形、无形两种。无形产品主要是指旅游服务，是旅游产品的核心，是旅游及相关从业人员直接或间接为旅游者提供的各种服务活动，如旅游者在旅游和游览过程中享受的导游服务、交通服务，在旅游目的地享受的住宿、餐饮、娱乐、购物、环境、文化等各项服务，及咨询、保险；签证、入境手续等多种辅助服务。有形旅游产品则是购买和消费的有形物品，如舒适的酒店与饭店设施、旅游汽车、直接感知的环境与文化实体、景区、景观等。根据旅游产品的功能，可分为景区与景点、交通、饮食、住宿、游览、购物、娱乐、文化八个方面，也即旅游的八大要素与领域。

2. 旅游产品的特点

第一，综合性。旅游产品是物质产品、精神产品、各项旅游服务等多种成分构成的综合性产品。由于这个特点，在旅游产品界定上也形成了“服务实体组合说”“旅游服务说”。前者认为：旅游产品是旅游经营者(供给)向旅游者提供的旅游服务的物质实体组合；后者认为：旅游产品是旅游目的地为满足旅游者需求而提供的各种旅游活动、接待条件和相关服务的总和。

第二，无形性。指旅游产品在一定程度上表现为旅游服务，通过无形的活动——经历、体验，将旅游产品的价值和使用价值展现出来，而不是只以旅游景区、景点等具体实物来表现。由此也形成了旅游产品界定的“旅游经历说”，即旅游者支付一定的金钱、时间和精力所获得满足其旅游愿望的经历与体验。

第三，不可转移性。即旅游产品、服务所依赖的旅游资源、旅游设施无法从旅游目的地转移到其他地方，所有权不会发生转移。

第四，生产与消费的同一性。即旅游产品的生产、旅游服务的提供在空间上同时并存。基于此，可以认为：旅游产品是旅游经营者为了满足旅游者在旅游活动中的各种需求而向旅游市场提供的各种物质产品、精神产品和拼游服务的组合。

(三)旅游产品的分类

科学地对旅游产品进行分类，是旅游产品设计、开发、生产、促销的基础，也是旅游目标人群定位的前提。但随着时代的变化，旅游消费者与旅游市场的需求会不断变化，旅游产品种类也会不断增加，故要建立一个公认、统一的旅游产品科学分类体系也是十分困难的，因而可根据不同角度对旅游产品进行划分。一般而言，根据旅游产品的功能，可将其分为观光旅游产品(自然风光、名胜古迹、城市风光等)、度假旅游产品(海滨、山地、温泉、乡村、野营等)、专题旅游产品(文化、商务、体育健身、业务等)、生态旅游产品(旨在保护环境、回归自然，变革以往旅游发展模式)、旅游安全产品(旅游保护、旅游意外保险、旅游防护等保护旅游客人安全的产品)原则等。

此外，依照旅游产品的组成状况，可以分为整体旅游产品、单项旅游产品。依照旅游产品的形态，可以分为团体包价旅游、散客包价旅游、半包价旅游、小包价旅游、零包价旅游、组合旅游、单项服务。

(四)旅游产品组合

消费者所购买、享受的旅游产品，包括旅游开始直到旅行结束时的全部内容。因此，旅游活动实际上是一组旅游产品的组合，即以旅游日程安排和旅游线路为逻辑制定的为主体提供食宿、交通等旅游服务要素的组合。旅游产品组合原则一般包括最有效利用资源原则，最大限度满足旅客、市场需求原则，最有利于市场竞争的原则，以及针对性、多样性、适度性(适度的空间转移)、合理性(合理的景点与工具选择)原则等。

二、低碳旅游产品

(一)低碳旅游产品的内涵

低碳旅游产业是低碳经济理念指引下的旅游产业。因此，低碳旅游产品就是旅游经营者为了满足低碳旅游者的需求，在低碳理念指导下设计、开发的旅游产品，或通过对传统旅游产品的低碳化而产生的旅游产品。低碳旅游产品的开发以低耗能、低排放、低污染为标准，以降低对旅游环境的负面影响、对能源的依赖为目的，蕴含着可持续发展、绿色发展的逻辑及保护旅游资源、旅游环境的构思。低碳旅游涉及旅游活动的诸层面，故而低碳旅游产品也涵盖旅游活动系统的诸方面，是一个由多领域产品构成的复杂产品系统。

综合国内外学者的研究，可以将低碳旅游产品定义为：旅游经营者凭借着低碳旅游吸引物、低碳交通和低碳旅游设施，向旅游者提供的用以满足其旅游活动需求的全部服务。它既可以是单个旅游景区提供的低碳旅游服务，也可以是由旅游产品组合设计而成的低碳旅游线路，主要包括低碳旅游活动、低碳节能型住宿产品、低碳环保型交通工具、低碳饮食产品、低碳旅游商品等。低碳旅游产品的主要限定标准是“低能耗、低污染、低排放”，并应该满足以下三方面的要求：第一，能最大限度地利用资源和能源，即提高资源和能源的有效利用率，使其发挥最大的效益；第二，能最大限度地节约资源和能源，并积极开发新能源、新技术；第三，从旅游产品生产到使用的每个环节都能做到温室气体排放量最少、环境污染最低。

其中，就低碳餐饮活动、食品而言，可以利用低碳景区中的低碳燃料(秸秆、柴火、树枝等)，也可充分利用旅游景区内无污染的原材料(野菜、天然蔬菜、特殊材料)，通过自然简单的做法，在不加入复杂作料的情况下提供给游客，以保持自然淳朴、原汁原味的状态。同时，也可在旅游过程中就地开发，结合当地特色食材，推出各类乡土风味的食品，以及养生药膳、食疗等旅游产品，满足旅游者低碳、环保的需求，如目前很多景区的风味餐饮业、农家乐饭店等。在低碳旅游住宿方面，可以结合旅游区的气候、环境、条件、居住习惯，建造有地域风格、特色的低碳建筑，如木屋、树屋、露营地、帐篷等，让游客以返璞归真的方式与自然亲近，实现低碳化旅游。另外，可将低碳理念渗透到商品的开发中，结合当地文化特点、习俗与风格，在低碳景区内开发低碳旅游商品。

(二)低碳旅游产品的要素构成

低碳旅游产品与其他旅游产品一样，是一个复杂、综合的系统整体，有有形的物质产品，也有无形的服务产品，或是两者的组合，其既有人为创造的部分，也有自然赋存的部分。因此，依据旅游产品的要素构成，可以将低碳旅游产品分为低碳旅游吸引物、低碳旅游设施、低碳旅游服务和可进入性等。

1. 低碳旅游吸引物

旅游吸引物是旅游者选购旅游产品的决定性因素。旅游吸引物是自然界和人类社会中能对旅游者产生吸引力，可以为旅游产业开发、利用，并产生经济效益、社会效益和环境效益的各种实物和因素。低碳旅游吸引物是指具有低碳特征，能对旅游者产生吸引力并前来观赏的一切有形与无形的、物质与非物质的东西，各种自然低碳景观(如湿地、海洋、森林等自然旅游资源)，也可以是人工创造的低碳设施、景观，如低碳建筑设施、低碳产业示范园区，还可以是多样化的低碳旅游活动产品，如运动休闲活动、康体活动。

就当前世界及中国旅游业的发展状况而言，设计、开发、营造低碳旅游吸引物的主要途径有以下几条：第一，科学开发、建设、利用天然低碳旅游景区，如国家森林公园、国家湿地公园、国家风景名胜区、国家地质公园、生态旅游区等，充分挖掘森林、海洋、湿地、海塘、湖泊、江河等自然高碳实体资源的旅游价值，提升自然旅游吸引物的质量。第二，策划以低能耗、低耗损为主的低碳旅游活动产品，如低碳生活体验式产品。第三，将本身具有低碳特征的产业园区、社区、街区、城镇、乡村、港区、校区，加以低碳化的改造，包装转化为低碳旅游吸引物。第四，通过科学技术手段，修复受损湿地(湖泊、河流源地)、受损土地(矿山、油田)的自然环境与生态，打造自然与人工结合的综合型低碳旅游吸引物。

2. 低碳旅游设施

旅游设施是完成旅游活动所必须具备的各种设施、设备和相关的物质条件的综合，是基于低碳技术改造，直接使用低碳技术、产品所建造的用以提供旅游接待服务的基础设施和服务设施。低碳旅游基础设施主要包括低碳道路交通设施、低碳环境卫生设施、低碳能源供应设施等；低碳旅游服务设施主要包括低碳旅游住宿餐饮设施、低碳旅游购物设施、低碳旅游娱乐设施以及低碳旅游游憩设施。

当前低碳旅游设施的建设途径主要有以下几条：第一，尽可能利用可再生能源、清洁能源，鼓励使用太阳能、风能、水能等可更新能源技术，合理利用常规能源，采用节能技术提高能源的利用效率，建设新型的低碳旅游能源供应系统。第二，使用低碳交通工具，尤其是景区内的交通工具，尽量选用公共交通客车，推广使用电瓶车、新型能源车、自行车、畜力车等低碳旅游交通工具，以及建设低碳旅游道路等途径，发展低碳旅游交通设施。第三，使用低碳材料，实现旅游住宿、餐饮、购物、娱乐设施的低碳化，如低碳酒店、低碳商贸建筑。第四，建设生态型旅游厕所。如遵循“源头控制、就地处理、就地利用”的生态原则，采用微生物基因工程技术，建设无水制肥生态厕所。也可在使用水冲式厕所时，节水节能，减少排污量，做到可持续循环利用。使用生态垃圾桶，完善低碳旅游环境卫生设施。第五，发展低碳餐饮。利用生态农业生产出来的绿色食品或有机食品作为餐饮的原材料，且在生产过程中减少高碳燃料的使用率、使用度，并采取必要的控制措施，杜绝一次性餐具用品，同时通过控制分量、自助、食物存贮、提前订餐等方式减少食物浪费。

3. 低碳旅游服务

低碳旅游服务以有形物质产品、自然物和社会现象为载体，是实现低碳旅游产品价值和使用价值的手段。整个低碳旅游过程中，低碳旅游者很大程度上需要购买和享受旅游服务。因此，低碳旅游服务在低碳旅游产品构成中也占据重要位置。低碳旅游服务不仅指在旅游过程中直接向旅游者提供的服务，如低碳知识讲解、低碳体验指导等，还包括向旅游企业提供物质和非物质产品的部门的服务，如食品、卫生、环保、文化、教育、建筑等部门提供的服务，是旅游企业向旅游者提供服务的有力支持。

4. 低碳旅游产品的可进入性

旅游产品的可进入性是指旅游者在居住地与旅游目的地之间及在多个旅游目的地之间来回移动的方便、快捷、通畅程度，具体表现为进出旅游目的地难易程度和时效标准。主要可以从三个方面加以考察：首先，是否有发达、便捷的交通网络；其次，是否有方便的通信条件；再次，出入境签证的手续、出入境验关程序、服务效率和信息咨询等是否便捷。可进入性包含了旅游者选择旅游产品的重要考量因素，是旅游产品成功组合的前提条件，也是衡量旅游产品是否成熟的重要标志。低碳旅游产品的构成也需考虑可进入性。因此，必须在低碳旅游产业的发展过程中，积极建构低碳、便捷的交通网络，完善低碳化通信设施，提高低碳化服务的效率。这样才能使低碳产品、景区、景点的吸引力发挥出来，实现旅游产业的低碳化发展。

(三)低碳旅游产品的特征

1. 低碳性

低碳性是低碳旅游产品的最基本特征。低碳旅游产品在旅游吸引物的构建、旅游设施的建设、旅游体验环境的培育中，着眼于降低旅游业中的碳排放量，通过“低碳”和“碳补偿”等方式，运用低碳技术，坚持在不破坏生态环境的基础上，对自然资源、文化资源、社会资源、环境资源等进行合理开发、有效配置，关注并控制旅游过程对环境造成的负面影响。

2. 旅游节奏慢

目前，旅游活动中旅游者的快速移动主要依靠飞机、大功率汽车等。这些交通工具都具有高碳排放量的特点。在低碳旅游方式的倡导和推广下，旅游者将选择“低碳排放”，甚至“零碳”的交通方式，如电瓶车、自行车、畜力车等旅游交通方式，“走玩”“徒步”等慢节奏旅游形式越来越受到旅游者的理解和追捧。因而，游客在景区内或是景区间的移动速度相对减缓，旅游者逐渐开始体验一种真正的慢节奏旅游和生活方式。

3. 游客参与度深

由于低碳旅游产品的设计使得旅游的节奏相对缓慢，旅游者可以对旅游目的地和旅游产品进行深入的接触和感受，加深对旅游目的地自然和社会文化的理解。与此同时，旅游者与社区居民的交流互动活动也会变得更加深入，有助于旅游者形成社区认同和社区依靠，从而产生强烈的场所依恋，使重游率得以提升。

4. 体验内省化

低碳旅游产品、旅游活动的设计和开发，强调、贯彻了低碳生活的主题理念，具有一定的教育色彩，并要求游客作为低碳旅游主体参与者，亲身参与到低碳生活方式中去，使游客的旅游体验不仅仅停留在观赏层面，个人的主观参与程度更高，更加注重旅游活动中自身的心理和情感过程，带有一定的领悟和思考色彩，单纯的游玩、娱乐成分减少，表现出明显的体验内省化。

三、低碳旅游产品生命周期评价

(一)生命周期评价概述

生命周期评价(Life Cycle Assessment，LCA)起源于 1969 年美国中西部，研

究所受可口可乐委托，对饮料容器从原材料采掘到废弃物最终处理的全过程进行的跟踪与定量分析。LCA已经纳入ISO14000环境管理系列标准而成为国际上环境管理和产品设计的一个重要支持工具。根据ISO14040—1999的定义，LCA是指对一个产品系统的生命周期中输入、输出及其潜在环境影响的汇编和评价，具体包括互相联系、不断重复进行的四个步骤：目的与范围的确定、清单分析、影响评价和结果解释。生命周期评价是一种用于评估产品在其整个生命周期中，即从原材料的获取、产品的生产直至产品使用后的处置，对环境影响的技术和方法。

生命周期评价中的全局观念是低碳经济的核心理念，碳的减排目标、碳限额排放等机制都和生命周期评价紧密相关。LCA已经在全世界范围内被广泛用来作为一种二氧化碳排放量的基准调查工具。在哥本哈根大会上，时任总理温家宝就表示我国也将采用LCA来进一步加强我国对减排状况的统计、检测和考核。当前，LCA主要应用于制造业，在服务业的应用相对较少，但是耶鲁大学的学者已经运用LCA对特定的服务业及其产品进行评估，并得出了服务业取得的成绩并非来自其服务活动本身，而是来自其生产过程的结论。可以预见，虽然LCA并没有在旅游业中被应用实践，但是其基本方法理念对于低碳发展具有很重要的意义。

(二)生命周期评价的意义

旅游产品是一种整体性产品，它是由许多不同行业、部门的企业共同生产完成的，想要真正减少旅游业的碳排放，必须让旅游企业的发展符合低碳原理的要求，并改变其传统的经营理念和行为。LCA能够对各个旅游产品生产企业提供标准的结构，并在此环境下确定企业的经营策略，促进企业降低温室气体的排放。在低碳旅游产品的生产过程中，应当运用LCA对其各个环节进行评价，进而提出改进措施。比如最早在旅游航空行业中使用的餐具是污染严重的塑料餐盒和一次性筷子，现在我们发现了其对环境的负面影响，最终采用玉米淀粉等天然生物降解材料来代替，以减少碳排放量。

(三)生命周期的建立

在旅游业中，交通、住宿、餐饮以及旅游活动本身都会产生一定的二氧化碳，要针对旅游业制定低碳标准具有很高的难度。我们基于LCA，将旅游产品行业的经营行为分为四个阶段：面向环境的产品设计、低碳营销、清洁生产与绿色消费以及碳中和。

第一阶段，面向环境的产品设计。根据目前的普遍观点，一个产品的环境成本，在设计阶段就已经决定了80%，后期的完善能够起到的作用十分有限。因此，旅游产品在设计的时候就应该坚持面向环境设计的理念，在设计的过程中，考虑到各种环境因素。在景区、餐饮、交通等一系列相关产品的开发过程中，坚持把低碳环保作为前提，从而从源头上建设低碳旅游产品。比如在景区开发的过程中，就应该提前考虑哪些行为有可能对环境造成负面影响，并从景区设计的第一个环节开始，逐步深入，最大可能地减少景区经营中的碳排放。

第二阶段，低碳营销。低碳营销产生于环境保护形势日益严峻的大背景之下，并已经成为现阶段的主流营销模式。旅游企业的低碳营销有两个条件：新能源、新材料、新技术的广泛应用以及旅游者环保意识的提升。在旅游产品的具体营销过程中，应当减少传统的高耗能营销模式，充分利用新技术、新成果，比如数据库营销、网络营销等。

第三阶段，清洁生产与绿色消费。旅游产品的生产过程是以游客来到旅游地消费为前提的，旅游者在消费的同时也在参与生产过程，因此，低碳旅游产品的生产具有清洁生产和绿色消费的统一性。旅游产品的清洁生产主要是指旅游企业通过改进设计、采用清洁能源和材料、改善生产过程等方式，在生产全过程中减少或者完全避免污染物的产生及排放。例如峨眉山、九寨沟等景区，很早就禁止机动车进入，以电瓶车作为替代；酒店安装空调控制装置，避免温度失控。虽然这些措施不能完全改变旅游业整体粗放的发展状态，但是这些积极的尝试已经起到了一定的作用。要彻底改变传统生产方式，我们需要采取一系列措施，例如制定相关标准，引入考核机制，积极采用新能源、新技术、新材料，建立旅游景区新型管理系统，改进管理和服务程序等。与此同时，旅游者的行为和消费对于旅游地的碳排放也有很大的影响。旅游地开发方应该加强对游客的环保教育，引导游客绿色消费，同时，全社会也应该积极行动起来，传播、推广低碳理念。

第四阶段，碳中和。碳中和是指二氧化碳的中和，即对二氧化碳的排放进行等量的补偿，尽量做到零排放，维持生态平衡。碳中和涉及多个方面，例如政府、企业以及个人。单单凭借游客个人的行为很难控制碳排放，因此就需要旅游企业自觉进行相关工作，即“测量—减排—补偿”。第一步是测量，即计算出旅游产品生产过程中实际的碳排量；第二步是减排，即尽量减少能源消耗，降低碳排放量，采用新技术、碳硬度较低的原料来提高生态效率；第三步是补偿，即通过植树等方式进行补偿。

总之，旅游发展和环境密切相关。生命周期评价理论是产业生态学的核心内容之一，并在旅游业中具有很高的潜在应用价值。由于旅游业的综合性，其应用涉及旅游产品生产过程中的所有环节。因此，必须将低碳化思想落实到每一个细节当中，规范行为，并在未来的时间内进行进一步的研究，才能真正做到旅游产品低碳化生产。

四、低碳旅游产品设计原则

（一）市场导向原则

旅游业具有典型的市场经济特征。旅游产品作为最终成为被旅游者消费的一种商品，旅游者的需求是决定其产生和发展方向的直接因素。低碳旅游产品就是为了满足低碳旅游市场和低碳旅游者的需求而产生的。因此，低碳旅游产品的开发和设计，必须以低碳旅游者的需求为中心，遵循市场导向原则。市场导向原则要求：一方面在市场分析和市场定位时遵循市场经济规律；另一方面要根据市场的变化和旅游产品的生命周期理论，不断开发新产品和增加现有产品的新功能来满足旅游者的需求。

（二）低碳化原则

低碳旅游产品的开发应区别于传统旅游产品的开发模式，坚持以低碳理念为核心，在旅游产品设计开发的各个方面贯彻低碳观念，执行低碳标准，采用低碳方式等，以保证低碳旅游的全面开展。首先，低碳旅游产品的开发要摆脱过去旅游资源粗放式的开发方式，摒弃以高消耗为代价的高增长方式，要以保护自然环境和生态平衡为前提，打造具有绿色效应和市场竞争力的低碳旅游产品；其次，要把中国崇尚“天人合一，自然和谐”的传统文化理念植入当前低碳旅游产品的设计开发思路中，组合自然、人文、社会等多方面资源，构建人与环境自然融合的旅游新境界，综合考量经济、社会、环境的综合效益，努力走出一条高品质的低碳化道路；再次，在进行产品开发时，要注重对文化遗产和名胜古迹原真性的保护，尤其是对稀缺性资源的保护，切忌在破坏原有遗迹本身或其生存环境基础上，重建重造，大兴土木。这不仅使原有旅游资源的价值大打折扣，也违反了低碳式发展旅游产业的原则。

（三）可持续发展原则

旅游产品的开发大都是依托旅游资源进行的，旅游资源大多具有不可再生特性，因此旅游产品的开发要遵循可持续发展原则。可持续发展理论是生态理念和低碳理念的基础理论，在低碳理念指导下的旅游产品开发过程中更加强调可持续发展这一基本原则。具体体现在两个方面：一是尊重低碳旅游产品的生命周期规律；二是低碳旅游产品的开发要与环境和资源的保护相协调。要把旅游活动对环境的影响控制在环境自我净化能力的范围之内。事实上，低碳旅游产品开发在此基础上提出了更高的要求，即在不降低旅游质量的前提下尽可能地降低二氧化碳的排放，降低对环境的干扰和影响。

(四)可操作性原则

在进行低碳旅游产品的设计和开发时，要注重创新的产品设计的可操作性，不合实际和不易实现的设计即使形式上再花哨，也无法成为可长期投入实际运用中去的具有价值和生命力的旅游产品。所以在产品设计初始，就要考虑各个主体的切实可行性，以及各主体之间的融合性和协调性是否良好，设计好的产品在投入使用之前，还要进行反复的研究和论证，直到确定切实可行才能落实。即使是产品投入市场后，如果出现实际操作性上的困难和问题，也要及时改进和调整，一切从实际出发，与时俱进，使低碳旅游更加切实可行。

(五)多方参与原则

低碳旅游产品的开发涉及旅游生产和消费的各个环节，涉及政府、开发商、经营者、中介机构、旅游者等各方主体，只有协调好各方利益群体的利益关系，让各主体都积极地参与到低碳旅游开发和运行中来，切实遵循低碳旅游的理念，将高效运用资源、节约能源、减少温室气体排放落实在行动中，才能将低碳旅游真正落实到实处。

其中，旅游企业是低碳旅游产品开发的主体，要对自己生产的产品负责，运用低碳旅游相关的科学方法进行景区开发和产品设计，使它们真正符合低碳旅游的理念和原则。政府部门作为低碳旅游推行中的监督者和倡导者，应该为低碳旅游产品开发提供政策上的支持，并完善相关制度的保障。如对旅游开发企业采用新能源、新技术促进低碳环保的行为给予奖励，完善低碳旅游区的相关法规政策，限制高碳旅游消费方式等。而旅游者作为旅游产品的真正消费者和体验者，也要树立低碳旅游观念，转变旅游消费方式，将低碳式旅游作为新的生活休闲方式。

五、低碳旅游产品开发模式与类型

(一)低碳旅游产品的开发模式

1. 功能分区模式

这一开发模式主要应用于生态、自然低碳旅游吸引物的开发。这种开发模式的目的是在避免对生态环境珍稀、脆弱地区的环境产生破坏的同时，也能够保障旅游活动的正常开展，最优化配置旅游资源。低碳旅游资源开发的功能分区模式主要是对自然低碳旅游吸引物的产业功能进行分区，以实现对生态资源的保护、能源的高效利用，降低旅游生产和消费过程中的碳排放。如在低碳旅游产品开发中分区进行特色建设，如森林绿肺区、新型农业产业园、农业观光区、生态聚居区等，各种低碳要素也围绕这些功能分区进行配置，实现资源的高效利用。

2. 社区参与模式

低碳旅游开发的社区参与可以是作为低碳旅游区的一部分参与，也可以将社区本身开发成一个低碳旅游区开展低碳旅游。相较于其他旅游并发的社区参与模式，低碳旅游的社区参与模式强调采用统一的低碳设计和标准对低碳旅游社区进行系统性的规划和管理，以保证区域内能够达到能源的节约使用，碳排放量的有力监控和低碳技术的有效使用等目标。整个低碳社区既参与低碳旅游产品的开发与建设，更参与了低碳生活的实践，是一种极具现实综合效益的开发模式。

3. 主题体验模式

顾名思义，主题体验式的低碳旅游产品开发模式主要是以低碳为主题开发的提供游客互动体验式旅游的产品开发模式。如低碳工业园、低碳主题公园、低碳旅游度假区等。在这种开发模式中，旅游者可以接受低碳的科普教育以及亲身体验零碳出游或低碳出游的生活方式。

(二)低碳旅游产品的开发类型

依照现阶段对低碳旅游的认识和低碳技术的运用，并依照上文所述的旅游产品的类型，可以开发的低碳旅游产品主要有以下几种类型：

1. 低碳观光体验型旅游

低碳观光体验型旅游是最为基础并且应用最为广泛的低碳旅游方式，指旅游者通过游览富有低碳标志性的景点景区等旅游吸引物，获得对于低碳旅游的直观的、感性的认识。

2. 低碳主题领略型旅游

低碳主题领略型旅游是一种具有一定目标和系统性的低碳旅游。旅游者通过观赏低碳旅游吸引物，并适度参与低碳旅游活动，获得对低碳旅游某个方面的概览性认识和体验。

3. 低碳文化推广型旅游

低碳文化推广型旅游往往不是单独出现的，而是借由自然、历史或社会景观，在具有一定体量规模的低碳旅游区内作为存在理念的阐述形式存在，并且通过情景展示、游客互动等方式不断加深低碳旅游者的旅游体验。

4. 低碳康体型度假旅游

近年来颇为流行的“乐活(LOHAS)”旅游基本属于低碳康体型度假旅游。此外，国外也有自助旅游者尝试以零碳方式进行度假休憩，成为低碳康体型度假旅游的先行者。低碳康体型度假旅游的特点是节奏较慢、能够较为深入地贯彻并体验低碳理念。

5. 低碳探险拓展型旅游

低碳探险拓展型旅游作为低碳旅游中具有鲜明特色的一个分支，主要在具有自然旅游资源条件的旅游地以户外运动、团体拓展等方式出现。其特点是周期短、持续教育作用时间长、受众参与度高、旅游体验较为完整。

6. 其他低碳旅游

作为新兴旅游方式，低碳旅游可与其他产业和业态相结合，培育并引导出多种旅游类型的丰富市场，如影视型、都市复合型、创意体验型等。

同时，由于旅游资源可以分为两类：一是自然旅游资源(包括地貌、水文、气候、野生动植物)，二是人文旅游资源(包括古代文化遗址、陵墓、建筑及工程、民俗风情、城镇风貌)。因此，为了阐述方便之故，低碳旅游产品的开发也可在"自然旅游产品""人文旅游产品"这两类旅游资源范畴中讨论。

第二节　低碳自然旅游产品开发

低碳自然类旅游产品开发是以自然旅游资源为基础，通过低碳化的设计，开发而形成并提供给旅游者的旅游产品。因此，低碳自然旅游产品的开发与自然旅游资源紧密相关。本节首先介绍自然旅游资源的基本内涵、类型，然后讨论低碳自然旅游产品的开发问题。

一、自然旅游资源

(一)自然旅游资源的含义

自然旅游资源(natural tourism resources)是指凡能使人们产生审美情感、兴趣的由各种自然地理环境、自然生态环境、生物构成的自然生态景观。自然旅游资源通常是在多种因素的作用、参与下，经长期的地理发育、演变而形成。虽然在历史变迁过程中，由于人类活动影响，诸多自然资源出现了人工影响的痕迹，并带有特定时期历史文化的某些特征。但就自然旅游资源的构造主体来看，依然具有自然性特征。

(二)自然生态旅游资源的类型

根据《中国旅游资源普查规范》，可将自然旅游资源按照形态成因分为四类。

1. 地貌景观旅游资源

天然景观外貌是构成自然生态风景旅游资源特征的基本条件。根据不同的地貌特征，可将地貌景观旅游资源进一步分为山地景观、喀斯特景观、丹霞景观、砂岩峰林景观、风成地貌景观、火山景观、冰川景观、海岸景观等。各种地貌景观为开展各类型旅游提供了自然环境基础。如登山旅游资源、风景名山旅游资源、岩溶地貌旅游资源、火山地貌旅游资源、地震遗迹旅游资源、风沙地貌旅游资源(沙漠资源、戈壁资源、雅丹风光资源)、峡谷旅游资源等。

2. 水体景观旅游资源

水体具有形、影、声、色、甘、奇六个方面的美学特征，通过生物、气候、建筑物的相互结合、交融渗透，形成奇妙、雅致的胜景。尤其是与山的结合，会形成许多优美的山水景色。因此，水是自然生态旅游资源的重要组成要素，是自然天成景观的基本造景条件，对游人具有很大的吸引功能。同时，由于水风景的观赏类型很多，因而可按水体的不同性质大体分为五类：第一，江河水旅游资源。如我国的长江，从河源至河口形成一条风光明媚的河川游览走廊，是我国的“黄金旅游线”；尤其是上段的金沙江，被称为神秘的江源风光。此外，黄河旅游线上的河源探险、高原风光、沙漠风情、草原旅行等也是环境优美，湖中发生的奇异现象等产生强烈的旅游功能，适宜观光和考察旅行。故此，湖泊也是自然生态风光旅游资源的重要组成部分。就湖泊旅游资源而言，可以分为这样几类：高山峡谷风景湖、高原风景湖、天池风光、城市园林湖泊、平原风景湖泊、半山区风景湖泊和丘陵区风景湖泊等。第三，瀑布旅游资源。瀑布以形、声、色三态之美先声夺人，如果再与山石峰洞、林木花草、白云蓝天等环境要素协调结合，就会形成效益很好的旅游功能。世界上有许多以瀑布著称的自然生态旅游景区。如美洲的尼亚加拉瀑布景区，我国的云贵高原地区、江南丘陵。第四，泉水类旅游资源。泉水也是一项引人注目的旅游资源。它不仅有造景、育景的独特功能，而且有疗养、饮用等价值，自古以来都是人们观赏、利用的对象。我国的泉类繁多，分布广泛，各种名泉、矿泉数以千计。第五，海洋旅游资源。海洋作为旅游资源，其功能在于可以疗养治病、海底观光，如海岛景观、海岸海滨风光(观潮、沙场、浴场、阳光)、海市蜃楼等。

3. 生物景观旅游资源

千奇百怪的生物资源也是自然生态旅游资源的重要组成部分，包括植物资源、动物资源、自然保护区等。第一，植物旅游资源。植物旅游资源有很高的观赏功能、优化环境功能和科学研究功能。植物旅游资源主要有以下几种类型：古老名贵的植物、特有珍稀植物、名贵观赏花草、人工植物园等。第二，动物旅游资源。珍稀、观赏动物资源也是自然生态旅游资源中的奇葩。属于我国珍稀动物旅游资源的有四川阿坝藏族羌族自治州境内的大熊猫和金丝猴等；属于观赏动物资源的有青海湖鸟岛、大理蝴蝶泉等。第三，自然保护区资源。以保护完整的综合自然生态系统为主的自然保护区可以成为优良的自然生态旅游资源。我国已建立各类自然保然保护区 300 多处。

4. 气象气候旅游资源

气象气候包括天气变化形成的各种景色，不同气候条件下的各类旅游胜地，避暑、避寒胜地和四季宜人的温带与副热带游览地，因而成为自然生态旅游资源中第四个重要的组成部分。我国著名气象气候旅游资源有贵州毕节八景之一的“南山雨霁”、贵州黔灵八景之一的“坐石观云”、云南大理四绝之一的“下关风”、吉林延边地区的“树挂”等。此外，还有极光、云海等旅游资源。

二、低碳自然旅游产品开发原理

自然生态旅游资源只有通过开发利用才能成为旅游产品，发挥其经济效益、社会效益和环境效益。自然生态资源的低碳开发实际就是利用低碳理念和低碳设计，对自然生态旅游资源进行合理开发、整合和利用，使之成为满足旅游者需求的低碳旅游产品。因此，对于自然生态旅游资源的低碳开发应当遵循这样一个原理，即保护自然旅游资源的碳汇能力。对此，1997 年的《京都议定书》明确指出低碳减排的两条主要途径：一是直接减排，即通过工业减产或技术改造直接减少二氧化碳等温室气体排放；二是间接减排，通过森林碳汇充分发挥森林的固碳功能。因为，相对于其他种类旅游资源，自然生态旅游资源本身就具有较高的低碳属性以及打造为低碳旅游产品的先天优势。如地文景观、水域风光、生物资源等，都是非常良好的碳汇体，特别是森林、草原、湿地等自然生态资源都是天然的碳汇资源。保护碳汇资源是减少旅游区碳排量的有效措施之一。森林是陆地生态系统中最大的碳库，并被公认为最为有效的生物固碳方式，森林在保护旅游区的生物多样性、涵养水源、防止水土流失等多方面都十分有益。

三、低碳自然旅游产品开发原则

依循自然生态类旅游资源的自身属性和特点，以及低碳的旅游开发理念，在进行自然生态类旅游资源及相应低碳旅游产品的开发过程中，主要从三个方面进行设计和规划，分别是低碳排放、可持续利用和环境承载量。低碳排放主要是指对旅游区森林、水源、沼泽、湿地等碳汇资源的保护；可持续利用主要是低碳能源的合理使用和适度开发；环境承载量即是以低碳为目标，增加、保持旅游环境的承载量。通过这三个途径实现自然生态旅游产品的低碳开发。

(一)碳汇资源的保护和生产

对碳汇资源的保护和生产是将自然生态类旅游资源开发成具有竞争力的低碳旅游产品的重要途径，具体措施包括：第一，坚决保护好现有森林、草原、沼泽、湿地等碳汇资源，尽量减少乱砍滥伐和焚烧的毁林行为，防止森林退化和各类火灾事故，通过各种形式进行植物认养或植树造林活动；第二，对于自然旅游区中历史遗迹及文物等资源应当在保护的基础上，充分利用人文景点周边的种植空间，通过种植树木作为隔离带或者作为碳吸收器，减少碳排量；第三，依据旅游目的地的地脉、文脉等具体情况，科学选择吸碳量良好的树种进行种植；第四，建立林地、草场、湿地等的保护利用法规条例和监管制度，严格行政执法，打击乱砍滥伐等违法利用行为；第五，鼓励建立森林碳汇计算标准和监测体系，提高森林固碳监测能力。

(二)低碳能源的合理使用与开发

1. 低碳能源的使用

在进行低碳旅游产品开发和设计的过程中，要注重低碳能源的使用，避免使用高碳能源以及能源的浪费，鼓励使用低碳和零碳能源。日常使用的各类能源碳强度差异很大。化石类能源中，煤的碳强度最高，石油次之，天然气较低。可再生能源中，除生物质能有一定的碳强度，水能、风能、太阳能、地热能、潮汐能等都是零碳能源。因此在旅游区的能源利用方面，多利用低碳能源，包括太阳能、地热能、水能、风能等。具体措施如增加太阳能设备的投入，增加太阳能路灯及供热等的使用；出台政策鼓励有条件的饭店采用双供热系统，即原有的 24 小时供热系统(主要靠锅炉燃烧煤或煤油)和太阳能供热系统，减少电力耗费。

2. 自然与生态旅游资源的可持续利用

实现自然与生态旅游资源的可持续利用，重点在于根据资源类型划定资源的优良级别和相应保护分区，工程建设不得改变原有的自然景观风貌(尤其是碳汇资源丰富区域)；注重对资源的科学管理和保护，减缓非更新资源的衰竭速度，避免“先破坏后修复”的非持续发展模式。在有些无法避免消耗的资源面前，要注重如何将消耗降到最低。要以最小的影响获取最大的综合效益，摆脱资源粗放式开发，尽量避免资源的浪费。

(三)注重旅游环境的环境承载力

旅游环境承载力又称旅游环境容量，主要指某一旅游地域(旅游景区、游览景区、旅游景点)，在不破坏自然生态环境与生态平衡的条件下，满足游客最低游览要求(心理感应气氛)时，所能容纳的游客的最大数量。不同的生态环境，不同的旅游区域、地域，其承载量是不一样的。尤其一些生态环境比较脆弱的地方，其承载量是相当小的，而且其生态环境破坏以后就难以在短时间内恢复。因此，对于自然生态旅游资源来说，必须将旅游活动规模、游客数量控制在一定范围内，这样才能使生态环境得到应有的保护，还可以使生态环境能够进行自我修复和平衡。如果游客数量太多，不但增加碳足迹，破坏生态环境，而且致使脆弱的生态环境难以恢复。因此，低碳自然生态旅游产品的开发，需要在低碳理念的指导下，认真考虑某一自然生态旅游环境的承载力，并以此作为低碳自然生态环境旅游产品开发的基本逻辑规律与要求。要不然就是“杀鸡取卵”“竭泽而渔”的开发。以此为标准，在设计开发低碳自然旅游产品时，必须加强某一自然生态旅游区的生态环境承载量计算，并以此为根本计算这一旅游区域的“碳足迹”；再以碳足迹为基础，开发自然生态旅游产品项目。具体而言，计算碳足迹与承载量的方法有两点：一是根据旅游区的碳排放上限（视国家旅游区级别而定），按人均碳消耗指标计算旅游区的最大游客接待量；二是根据旅游区的碳汇资源可以吸收的碳排放量，按人均碳消耗指标计算旅游区的承载量。

四、低碳自然生态旅游产品的开发途径

低碳自然生态旅游产品的开发是一个综合性的过程，必须在低碳旅游理念的指导下，根据低碳游客、旅游市场的需要，在合理估算环境承载量、碳排放量、碳足迹的基础上，对旅游资源、旅游设施、旅游人力资源、旅游商品等进行合理的低碳化规划、设计、开发。具体而言，自然生态旅游产品的低碳开发途径主要有以下几个：

（一）低碳旅游吸引物的开发

依托自然生态旅游资源进行低碳旅游产品设计、开发的重点是低碳旅游吸引物，如湿地、海洋、森林、自然生态景区、景观等。就低碳旅游吸引物的设计与开发而言，具体途径有这样几个：第一，可以将低碳技术含量高的产品直接包装成旅游吸引物；第二，可以应用低碳技术，与其他低碳产业开展合作，例如建设科普馆；第三，将某些新能源、新技术、新产品的知识传达给广大旅游者，使其旅游观念、行为低碳化；第四，联合相关政府部门、产业协会组织等定期举办有关低碳环保主题的论坛会议等。例如，近年来山东德州创建的旅游景区“中国太阳谷”，就是一个集太阳能产品生产、观光旅游于一体的特色旅游基地。

（二）低碳旅游活动项目开发

1. 开展碳补偿植树活动

碳补偿植树活动是近年来受到游客青睐的一种新型环保旅游活动方式，游客在旅游的同时还可为环保事业贡献力量，降低碳排量。景区可举办“植树赠门票”等活动，并向游客大力宣传倡导“低碳旅游，从我做起”的理念。在自然生态景区内开设“新婚林”“成人仪式林”等各类主题纪念林地，增强活动情感性，以调动游客参与的主观积极性，使游客在锻炼身体、享受旅游乐趣的同时，也为低碳环保

做出自己的贡献。

2. 设计探险拓展类低碳旅游项目

探险拓展类旅游项目是近年来受到旅游者热捧的一类低碳旅游活动。自然生态类旅游资源具有开展此类旅游项目的天然地理、地质优势。各景区可以结合自身特点，推出漂流、岩洞探险、攀岩、素质拓展、骑行环游、徒步游等活动，让游客挑战自我，超越自我，实现自我，获得精神和心理的双重满足，拓展健康的生活休闲方式。

3. 设计激励性质的低碳体验类活动

针对现阶段国内游客对低碳理念的认知和理解还较为淡薄，可以通过设计含激励性质的低碳体验类活动，来加大低碳理念的倡导和宣传，让旅游者在体验的过程中加深对低碳的理解。比如，可以为所有来旅游区参观的游客在体验的过程中加深对低碳的理解。比如，可以为所有来旅游区参观的游客办理一张“低碳体验卡”，游客可以在游览结束后凭体验卡在区内的餐厅、酒店、商店进行消费。凡是在游览过程中积极参与保护野生动植物、维护环境卫生等环保行为，就可以获得基础积分；凡是能够准确说出保护区内的动植物的种类、作用及保护要点的，可以获得中级积分；凡是在保护区内的爱心花木区种植花木或认养花木的，可以获得高级积分。所有积分都能够换取景区内出售的果蔬、食品和门票等。

(三)设计开发低碳旅游配套设施

1. 提供低碳交通工具

自然生态类旅游景区面积通常较大，会面临交通工具的选择。旅游景区发展低碳交通的核心就是要限制发展个体机动交通，鼓励和推进以公共化、节能化为导向的旅游景区交通发展模式。一是在进行旅游线路设计时，景区外和景区之间提倡使用公共交通，景区外依托城市公共交通系统，景区间倡导共乘的交通方式，如安排中巴及电动车协助景区间换乘。二是景区内原则上应禁止机动车进入，推广公共化、轻型化、节能化及新能源的交通工具，如电瓶车、新型能源车、环保观光小火车等。三是鼓励设计使用多样化、个性化、低碳化的交通工具。旅游交通既是旅游得以实现的承载工具，同时又是供游客参与体验的独特旅游产品。传统的以人力、畜力为动力的交通工具，如徒步、自行车、三轮车、轿子、滑索、骑马、牛车、马车等，不仅节能环保，还能给游客带来非同一般的体验。

2. 提供低碳餐饮住宿旅游产品

充分利用自然资源，引入低碳理念，建造自然型的旅游住宿，设计以自然通风、采光为原则，减少空调、电风扇的使用率，建筑材料上考虑用可再生能源或新型保温材料。可在湖边建筑小木屋，既可以减少空调、电风扇的使用，又可以在木屋下开展垂钓旅游活动等，除此之外还可以建竹屋、藤屋、树居等，以实现低碳住宅形式的多样化。采用“绿色饭店”的经营模式，饭店在深入了解自身的能源消耗情况的基础上，制订全方位的能源管理计划。严格控制生活用品的换洗率，减少一次性用品的使用，鼓励游客尽量自带洗漱用品，并将没用完的香皂、小瓶洗发水等带走继续使用。节约用水、用电，如使用节水淋浴头、节能灯等。采用新型节能设备，不断提高节能减排新产品、新技术的利用率等。

3. 提供低碳旅游服务

在旅游服务中重视对低碳知识的传播，在旅游景区制作的宣传册、标志牌中加入对低碳旅游知识的宣传。对旅游服务人员进行低碳知识的系统培训，导游服务加强对低碳理念的讲解，采用游客易于理解的讲解方式，达到传播低碳理念的目的。尤其是要游客了解日常生活中有关碳排放的行为，计算碳排放量以及可行的碳弥补方式。例如，坪林低碳旅游景区设置了一个“碳减量计数器”作为活动的精神堡垒，在游客每一次低碳之旅活动结束时，导游会引导游客前去按下活动减碳计数按钮，计算游客所从事的活动与一般旅游模式相比较减少的二氧化碳排放量。

4. 采用低碳化的服务方式

旅游景区在宣传方式上多利用网络资源，减少旅游宣传印刷与邮递成本，同时由于网络的受众面广、服务效率高，游客也可以花费较少的时间和较低的成本获得尽可能多的旅游景区的信息。因此，旅游景区在为游客带来便利的同时实现了信息宣传的低碳化。

5. 设计低碳旅游商品

低碳旅游商品在设计的过程中要突出“低碳”的主题，尽量与游客的体验活动结合起来。设计上取材于当地的资源，突出环保性、实用性，产品的包装应简单、安全、无污染。可以充分利用自然生态旅游资源，种植生产药用植物，并结合中医知识，开发药膳、食疗、保健品等一系列商品，还可以利用丰富的植物资源，开发可食用的野菜，加工成便于携带的低碳养生纪念品等。

第三节　低碳人文旅游产品开发

一、人文旅游资源

(一)人文旅游资源的含义

人文旅游资源(human tourism resources)又称人文景观旅游资源，是人类在社会发展过程中所创造的，对游人具有旅游吸引力功能，能激发旅游动机和满足旅游需求的各种物质财富和精神财富的总和。人文旅游资源由各种社会环境、历史文物、文化艺术、民族风情构成，且各具特色，人类历史文化的结晶，是民族风貌的集中反映，既含有人类历史长河中遗留的精神与物质财富，也包括当今人类社会的各个方面。对应于自然旅游资源，人文旅游资源可被人们有意识地创造出来，可通过建造博物馆、美术馆、游乐园、文化宫、体育运动中心，以及组织文化节、戏剧节、电影节、音乐节和各种民间喜庆活动等别具特色的文化活动来丰富旅游内容，招徕远方游客，形成充满现代气息的人文旅游资源。

（二）人文旅游资源的种类

人文旅游资源可根据不同旅游目的划分为不同种类。其中，《中国旅游资源普查规范》将人文旅游资源分为三大类，即：古迹与建筑类、消闲求知健身类（包括科教文化设施、疗养和福利设施、动物园、植物园、公园、体育场馆、游乐场所、节庆活动、文艺团体等）和购物类（包括市场与购物中心、著名店铺、地方产品等）。王昆欣、王长生所著的《旅游资源与开发》将人文旅游资源划分为历史古迹类、宗教类、园林类、城镇类、民风民俗类、文学艺术类及其他类型。其中，历史古迹类主要包括人类历史文化遗址（古人类文化遗址、社会历史文化遗址、名人故居和活动遗址、革命遗址和革命纪念地）、古建筑类（宫殿类、楼阁、军事防御工程、古代桥梁、水利工程）、古代陵墓。宗教类人文旅游资源主要包括：宗教建筑旅游资源、宗教艺术旅游资源。园林类旅游资源主要包括山、水、石、动植物，以及厅堂、馆、榭、轩、楼台、阁、廊、路、桥等各种建筑物的综合建筑群，而且按照区域可分为北方园林、江南园林、岭南园林，按园林功能可分为皇家园林、私人园林、宗教园林。城镇类旅游资源可分为历史文化名城、现代都市等类型。民风民俗类人文旅游资源可分为节庆（时令节日、宗教节日、其他节日）、服饰（蒙古族的长袍、藏族的藏袍、傣族的花筒裙、赫哲族的鱼皮衣等）、饮食（如川、鲁、苏、粤、闽、湘、浙、徽八大菜系，少数民族独具特色的饮食习俗）、民居（蒙古包、吊脚楼、窑洞、四合院、竹楼）、婚娶习俗（抢婚、哭嫁、抛绣球）。此外还有文学艺术类旅游资源及其他人文旅游资源（博物馆、人造景观）。

（三）人文旅游资源的特点

1. 历史人文性

人文旅游资源是人类活动的产物，与人类具有密切关系，是人类通过自身的努力，适应自然、改造自然、利用自然，创造了丰富的历史文化成果。因此，多种多样的人文旅游资源有着共同的特征——历史性、人文性，无论是古代建筑还是历史遗迹，无论是民俗生活还是田园风光，都是在一定的历史条件下形成的，不可能脱离历史而存在。

2. 艺术性

许多人文旅游资源是人类在历史发展长河中创造的文化与艺术精品，本身是精美的艺术品，如摩崖石刻、书法绘画、雕塑、石窟造像、民间工艺品等。还有一部分人文旅游资源，它们在实用性的基础上兼具艺术性，如许多建筑物，形态设计、材料选择、图案装饰等方面都具有艺术性。因此，人文旅游资源一般都具有很高的艺术价值。

3. 宗教性

在人类文化中，宗教占有很重要的地位。宗教活动有着很长的历史，宗教文化对人类生活的影响是巨大的，同时产生了众多的具有旅游价值的宗教性旅游资源。如中国宗教中影响较大的佛教和道教，在全国各地建造了为数众多的庙宇和道观；这些宗教建筑和其中蕴含的宗教内容和氛围，与它们周围的自然景观及其他类型的人文景观结合在一起，构成了或独立或综合的旅游景观。所以一些人文旅游资源也具有宗教性特征。

4. 民族性

人文旅游资源大都是一定的民族在一定历史背景下创造的，是一定民族的物质文明和精神文明的结晶，包含着不同的民族文化气质、民族审美标准。如不同民族的建筑，从形态设计、建造、精神内核上都带有浓厚的民族文化色彩，再如民族风俗、节庆，是一个民族长时段精神活动与文明的体现和集合。因此，人文旅游资源也带有民族性的特征。

5. 地域性

由于不同地方具有不同的人文旅游资源，且分布具有一定的地域范围，存在地域差异，带有地方色彩，故而人文旅游资源也具有地域性的特征，如气候、地貌、水文、动植物分布等。

6. 不可移动性

不可移动性即人文旅游资源一般在地域上是固定的、不可移动的，这样便形成了旅游资源的地域垄断性。

二、低碳人文旅游产品及其开发原理

(一)低碳人文旅游产品

旅游也是一种人的文化行为。在旅游过程中，游人可以了解不同地方、民族的文化，获得智慧启迪、扩充，满足求知之需求。但由于人文旅游资源大都是人类在历史发展的长河中创造的，不仅具有历史性、民族性、地域性等特征，更是历史文物，需要保护。因而，人文旅游资源开发更应该采用低碳旅游的模式。由此，低碳人文旅游产品就是将低碳理念融入人文旅游资源的开发、利用中，通过低碳设计、运用低碳技术而开发出来的人文旅游产品，也就是通过新的开发模式，使得人文旅游产品具有低碳的属性，这也契合了保护性开发人文旅游资源的基本原则。

(二)低碳人文旅游产品开发原理

1. 低碳旅游产品开发的理念

首先，气候变化正在对许多重要的历史遗产地产生负面影响，会在一定程度上侵蚀这些宝贵的文化遗产，并在今后可能影响到更多的遗址。世界遗产委员会正在积极调查气候变化对世界遗产的影响及思考解决这些问题的方案。低碳旅游所倡导的理念与遗产保护所关注的重点相一致，它要求在整个旅游过程中都注意环境的保护，减少污染，减少碳的排放，继而减轻对气候的不利影响。这些低碳措施有利于历史文化资源的保护。

其次，对文化类旅游资源的开发，要求最大限度地保护文化遗产的真实性和完整性，低碳旅游就是在尽可能减少碳排放，在不影响旅游环境的前提下满足旅游者的旅游需求。对文化类旅游资源的低碳式开发着眼于对旅游资源的分级别保护，划分保护区并确定保护重点，对于重点保护的不适于人类接触的文化资源(如古文物、遗迹点等)，会采取合理的技术措施(如真空隔离、玻璃保护等)，避免其在空气中的快速腐化，有条件的旅游区会采取一些先进的技术检测仪器进行保护(如二氧化碳和氧气浓度的检测等)。低碳理念和低碳技术的引入，使低碳旅游相对于传统的旅游方式可以更大程度地保护历史文化资源的原真性和完整性。

最后，历史文化类旅游的目的之一在于唤醒公众对历史文化遗产的保护意识，并强调对旅游地居民的文化和生活方式的保护。低碳旅游形式也具有教育旅游者、保护珍贵的历史文化遗产的作用。游客在对旅游产品的消费过程中涉及衣、食、住、行等各个方面，在此过程中要产生大量的碳。公众环境保护意识弱，在旅游的过程中常有不文明的举措和不必要的浪费。低碳旅游在一定程度上帮助历史文化类景区完成了对游客的教育工作。

2. 努力减少旅游活动中的碳排放量

旅游区的碳排放量主要来源于游客的旅游活动过程，如食、住、行、购、娱，每一个环节都要产生碳排放。在旅游产品的开发过程中，饮食是旅游必不可少的环节之一，但各地食物浪费情况严重，以及一次性餐具等对能源产生不必要的消耗，应鼓励绿色饮食，自然、健康，鼓励自备餐具等。游客寄宿酒店，要使用空调取暖或降温，床单、被罩等的洗涤要消耗水、电和洗衣粉。应学习中国香港等地，如果出行多日，避免床单一日一洗等不必要的浪费行为。游客选用交通工具的能源消耗是旅游区碳排放的主要来源之一，徒步或是选用自行车、电瓶车等是较环保的方式，可以直接减少旅游业二氧化碳的排放。特别是对于自然生态类的旅游产品，可以合理地推广畜力车等自然、原始的交通方式，既降低碳排放，又增添旅游趣味。游客习惯在旅游地购买旅游纪念品，这些对象看似跟碳排放无关，但生产过程中也要消耗一定量的能源，因此游客购买手工制作的特色纪念品也是对低碳旅游的一种支持行为。

三、历史人文类低碳旅游产品开发内容

在历史人文类旅游景区设计低碳旅游吸引物包括两方面的重要内容。首先，针对以历史文化遗迹、遗址等为旅游吸引物的旅游产品，要做好低碳管理和保护工作。此外，实施“限量旅游”管理，把每日进景区的游客限制在一定人数之内，以减少对旅游景点的破坏。其次，设计以低碳文化为主题的旅游吸引物，如低碳农业产业园、低碳产业示范园、低碳科普教育园、低碳生活体验馆等，通过直接设计开发以低碳为主题的旅游产品或将以低碳为主题的产业园等进行旅游产品包装等，吸引低碳旅游者前来消费。

第四章　低碳旅游景区(景点)开发

旅游景区(景点)在旅游活动与产业发展中具有重要的激发、吸引作用，尤其是富有人文历史内涵的旅游景点、风景优美的自然景观，能够激发起强烈的旅游愿望，是旅游活动得以形成的起点、最为基础的环节。因此，在低碳旅游理念、发展模式背景下，打造低碳旅游景区(景点)，将是构建低碳旅游产业模式、促进旅游产业低碳化发展的必然环节与途径。

第一节　低碳旅游景区(景点)概述

一、旅游景区(景点)构成与分类

(一)旅游景区(景点)构成

旅游景区(tourist attraction)是指能够满足游客游览观光、消遣娱乐、康体健身、求知等需求、愿望，能够吸引游客前往游览、参观，并具备相应服务设施，能为游客提供服务的区域与场所。旅游景区是旅游活动形成与发展的核心要素，是旅游产业链中的中心环节。一般而言，旅游景区的构成要素主要是：①旅游吸引物。如自然旅游资源、人文旅游资源。②旅游交通服务设施。如道路、停车(船)场所、游览通道、航道。③游览服务与设施。如导游服务、引导标志(游览导游图、标牌、景点介绍等)。④旅游安全保障。如消防、防盗、救护设备。⑤卫生设施，即景区环境优美、干净卫生，各种卫生设施设备齐全，标志明显。⑥公共设施完善。如公用电话等。

(二)旅游景区(景点)分类

旅游景区具有丰富多样的人文内涵与自然特点，这也是吸引人们前去参观游览的原因。根据旅游景区的内涵与特征及景区构成要素的多寡，人们将其分为不同层级的类属体系。

首先，人们根据景区地域空间的大小与景区内吸引物的多少，将旅游风景区分为旅游景区与旅游景点。主要区别在于：第一，旅游景点的地域空间较小，是划分旅游地空间大小的最小单位；旅游景区的地域空间范围、面积则较大，由若干个景点组成，以供游人逗留、休息、参观。第二，景区内各种设施比较齐全，景点的服务设施与种类相对较少。如景区内提供丰富的住宿、餐饮、文化、旅游商品等服务与活动；景点提供服务则较少。第三，旅游景点的美学特征比较突出，并具有独特性，能够激发游客强烈的旅游、欣赏愿望；旅游景区的审美特征则具有多元化内涵。

其次，根据旅游风景区的地域空间大小、游览项目多少，及在地域经济社会文化发展中的作用，学界还将旅游景区分为一般旅游地、旅游区、风景名胜区。其中，名胜风景区是指具有较高科学与人文价值，景观集中，环境优美，供人们游览、休息或进行科学、文化考察活动的地域。而且，风景名胜区被进一步分为国家级、省级、市级名胜风景区。国家级重点名胜风景区即是具有重要观赏、文化、科学价值的风景区，其景观独特，国内外有名，规模较大。省级风景名胜区则具有较重要的观赏、文化或科学价值，景观有地方代表性，有一定规模和设施条件。在省内外有影响的定为市级风景名胜区，具有一定的观赏、文化或科学价值，环境优美，规模较小，设施简单，以接待本地区游人为主。定为我国的国家级风景名胜区相当于国外的国家公园。

最后，在旅游学发展过程中，诸多旅游学研究者对于旅游景区做出了更为细致的分类，如米勒、斯沃布鲁克、密德尔顿、汉纳、耶尔、普伦蒂斯等。

二、碳排放与旅游景区环保

到旅游景区(景点)参观、游览，不但能满足人们精神与文化消费的需要，给人以独特的精神与文化享受，也能带来一定的经济效益，促进景区周边社会的经济与文化发展。然而就近年来中国及世界旅游业的发展状况而言，由于游客数量迅速增加，游客活动种类、地域范围持续扩大，以及豪华奢侈型消费急剧增加，所以旅游活动与产业的高碳排放，给旅游景区(景点)带来了严重的环境污染与破坏。

(一)旅游景区的高碳排放

随着旅游产业的迅猛发展，旅游景区需要接待的游客不断上升，并要满足游客不断增长的住宿、餐饮需求。而这不仅致使旅游景区内宾馆、道路等基础设施不断增加，也致使滞留在景区内的人员数量不断上升。同时，随着人们出行数量的大增，大批高级旅游交通工具被运用到游客运输中，且餐饮业也获得较大的发展。结果则是旅游景区内的碳排放量大量增加。此外，旅客在景区内的奢侈性消费(餐饮、住宿、景区交通)也助长了景区内的能源消耗(石化能源、电能)与碳排放量提升，造成景区大气环境与生态环境的破坏、污染。如普通居民每天的用水量是 30～500 L/d，而星级宾馆客人的用水量达到 100～500 L/d，超豪华宾馆则更高。普通居民每天的用电量为 3～5 度，而旅游宾馆居住的客人每天的用电量为 10～20 度。再加上景区内锅炉用碳量与碳排放量增加，无疑增加了景区的能源消耗、碳排放量与碳污染。

(二)旅游景区的环境污染与生态破坏

除此之外，旅游者数量的增加与旅游活动范围的扩展及景区内高碳旅游设施、工具的使用，不仅造成了碳排放量的增加，更造成旅游景区(景点)的环境污染与生态破坏。

1. 环境污染

以旅游景区内的环境污染而言，主要是旅游者数量的不断增加，致使排放物、丢弃物过多而造成景区环境污染。包括：①空气污染。源头在于机动旅游交通工具的碳排放、旅游设施废气污染。②噪声污染。原因在于旅游交通工具的噪声，以及景区内服务行业产生的噪声，且景区内噪声随着到访者的增加趋于严重，影响到景区内居民的生活、身心健康。③水体污染。源头在于景区内水上交通工具产生的废液排放、旅游者乱丢垃圾等。

2. 生态破坏

景区内游客大量活动对景区生态系统造成巨大影响与破坏，主要表现为：①植被破坏。由于景区内大量游客的活动、踩踏，致使景区内泥土板结，透水性降低，造成景区植被因缺水逐渐枯竭。加上某些旅游者不文明行为，如任意攀摘花草、采集标本，也导致景区内的植被被肆意破坏。②野生动物受到威胁。景区内游客的活动会有意无意地侵入野生动物生活的领地，扰乱野生动物的生活规律，它们被迫迁移或者改变其原有的生活习惯，从而增加野生动物消亡的可能性。

总之，近年来快速发展的旅游产业已经成为一把双刃剑，在提高旅游景区基础设施建设水平的同时，增加了旅游景区周边的经济收入，也给景区及其周边的大气与生态环境带来了较大的污染与破坏。因此，如何最大限度地减小旅游给景区带来的负面影响就成为旅游产业发展亟待解决的问题。低碳旅游发展理念与模式给这一问题的解决带来了一片曙光。

三、低碳旅游模式与低碳旅游景区

(一)低碳旅游模式

2003 年，英国在其能源白皮书《我们能源的未来：构筑低碳经济》中率先提出了低碳经济(Low Carbon Economic)的理念，即通过更少的自然资源消耗和更少的环境污染，使用更清洁、更智能化的能源，获得更多的经济产出。由此，低碳发展理念逐步普及开来，并逐步成为世界经济和社会发展的重要趋势。面临这一趋势，旅游产业也做出了积极响应。2009 年 5 月，世界经济论坛“走向低碳的旅行及旅游业”的报告明确提出了低碳旅游理念，指明旅游产业可持续旅游发展的主要路径是减少碳排放，以达到对环境的最小伤害。时至今日，低碳旅游(Low Carbon Travel)已成为世界公认的应对全球气候变化的旅游产业发展理念及“代名词”。由此，低碳旅游、低碳旅行；低碳景区建设与发展逐步浮出水面，成为旅游产业界研究的热门话题。

对于低碳旅游景区建设的讨论大致有这样一些。郭乃文等利用 LCA 对低碳景区展开了深入细致的研究，认为低碳景区的内涵主要包括自然内涵和人文内涵两部分。自然内涵是指把对景区的开发建设与低碳理念紧密相连，在开发和运营全过程坚持低碳化操作。人文内涵是指低碳景区的建设要有一个良好的、倡导低碳旅游的社会环境，要有对建设低碳景区的深度意义充分理解的广大参与者(包括建设者和游客)，把建设和保护低碳景区作为一种自觉意识和本能行动。侯文亮等认为低碳景区可以分为绝对低碳旅游景区和相对低碳旅游景区。谭锦认为低碳旅游景区应从低碳旅游资源评价、低碳开发评价、低碳旅游认知度评价三方面入手。

(二)低碳旅游景区的内涵与基本类型

基于上述讨论，笔者以为，就低碳旅游景区的内涵而言，可以有人文与自然两个方面。自然内涵，即在景区开发、设计、建设过程中，坚持运用低碳理念，使用低碳材料、低碳化操作，使得旅游景区的基础设施、景点、宾馆的建设过程始终都遵循低碳逻辑，使得景区的物质设施建设低碳化；人文内涵，就是低碳景区建设前后，积极宣传低碳理念，营造一个良好的社会人文环境，使人们对低碳旅游、设施、景区有充分的理解，并造就大批低碳建设者、游客，把建设和保护低碳景区作为一种自觉意识和本能行动。因为，低碳景区的建设是硬环境和软环境的统一。硬环境是指景区自身要具有较高的观赏价值、游憩价值、科考价值，或具有较高的历史价值、文化价值、科学价值、艺术价值的人文景观；软环境则是指当地社区居民要有友好的态度和环保意识、景区低碳行动和低碳运营等。

其次，低碳景区建设类型可以根据不同理念进行划分。第一，可以根据低碳化管理的程度及内容分为全线低碳与有限低碳两种景区。全线低碳景区就是前期建设、中期运营、后期管理等全过程都是严格低碳化管理的旅游景区；有限低碳景区就是提供休闲体验型旅游项目、节能型住宿设施、环保型出游工具、轻便化旅游装备等服务的旅游景区(点)。第二，根据景区的资源禀赋，可将景区建设成低碳生态型、低碳文化型，或低碳生态与文化耦合型的景区。低碳生态型景区主要是指低碳化的风景名胜区、旅游度假区、生态旅游区、自然保护区、湿地、森林公园、地质公园、休闲农业等。低碳文化型景区则是指保留大量历史遗存、文物古迹、原真民俗风情的景区，如历史街区、乡村聚落、民族村寨、寺庙观堂等。低碳生态与文化耦合型景区是指既拥有风光秀美的生态资源，又蕴含独特的地方文化，自然风貌与土著文化相结合的景区。

(三)低碳旅游景区评价领域和指标

1. 低碳旅游景区评价领域

面临旅游景区高耗能、高碳排放、高污染的现状，低碳旅游景区的建设必须以低能耗、低污染、低排放为基础，以保证旅游者的旅游质量、充分满足旅游者的旅游体验效果为前提。这是低碳景区建设、培育、管理的核心原则和根本要求，也是低碳旅游景区有别于其他景区的特质。基于此，根据低碳景区的内涵与建设类型，应当从三个领域对低碳景区建设、发展与管理进行评价。第一，低碳旅游景区建设过程中的低碳资源开发、低碳材料运用、低碳基础设施建设情况等；第二，低碳景区内低碳旅游活动、产品、项目开发的状况；第三，人们对低碳旅游的认知度等。

2. 低碳旅游景区评价指标

根据上述关于低碳旅游景区评价的领域，可从以下五个方面来评价低碳旅游景区的建设与运营情况。

第一，低碳经济指标，即通过相关经济指标来衡量景区低碳经济与旅游转型的综合效益，如景区碳生产力、低碳技术的投入回报率、社区就业比重、客源类型比重。其中，景区碳生产力是衡量低碳化的核心指标，指单位碳排放所创造的旅游总收入；低碳技术的投入回报率即低碳转型的经济效益。

第二，低碳环境指标，即景区建设与环境发展指标。其中，对于低碳资源较为丰富的景区，强调自然蔽汇资源开发比例，也强调低碳人文环境建设。对于碳汇资源稀少的人文景区，除了考查营造碳汇环境(或碳汇吸引物)的水平外，也考查环境质量方面的评价因子标准值，如是否应该严格执行国家一级环境质量标准，即空气质量、地表水环境质量、噪声等级均达到国家相应标准。

第三，低碳运营指标，主要指旅游企业在低碳交通、低碳住宿、低碳购物、低碳餐饮、低碳游览、低碳娱乐等方面的指标。通过这些指标来检验低碳景区的营销、发展和智能管理的程度，从而进一步引导旅游企业、游客积极建立低碳发展与消费的模式。

第四，低碳技术指标，即与旅游行业相关行业的低碳技术运用情况，如交通、酒店、餐饮等部门的能源消耗、可再生能源与新能源、新技术的开发运用情况，以及有效控制温室气体排放的新技术的运用情况，以及传统旅游产品所需能源和材料的低碳化转型，旅游行业低碳技术的转化应用情况。如环境容量预警系统、智能绿化灌溉系统、污水循环利用系统、高耗能设备监控系统等核心技术，低碳设备设施的研发、景区碳排放量的控制与降低。

第五，低碳管理指标，即对低碳旅游景区的管理情况。如低碳领导小组、低碳旅游专项规划、碳金融政策执行与实施、低碳意识普及程度、碳汇项目执行与管理等。

四、低碳旅游景区开发意义

由于低碳旅游景区的开发与创建的评价涉及三个领域，因此就低碳景区的开发与创建意义而言就在于这样三个方面。第一，创新景区发展规则。低碳景区的开发与创建是一个系统工程，并将催生新的景区发展规则。诸如怎样将低碳衡量指标融入现有的景区评价体系，怎样在低碳运营模式中改革现有景区的管理模式，并实现替代传统能源的新能源和新技术的运用，以及生态文化综合效益的最大化等。而这些都需要制定相应的规则予以引导。因此，对于传统景区的建设而言，低碳景区的创建与开发是一个机制、规则的全面的创新。第二，促进区域低碳产业的整合开发。低碳景区的建设与开发，不可避免地运用低碳发展理念，并将其逐步推衍到其他行业。而这不仅有利于激活、挖掘区域优势资源，形成各行业之间的整合互动，而且有利于形成新的低碳产业联合发展的机制，进而改善区域经济的产业结构转型、升级，最终实现区域其他产业的低碳进程，建成“互惠共赢”的区域低碳发展模式。第三，促进公众养成低碳的生活习惯。低碳旅游景区的创建与开发不仅需要游客在饮食、住宿、交通、通信等各个方面亲身体验到低碳旅游方式，而且更需要游客具备低碳生活的基本理念，适应低碳生活方式。因此，低碳景区的创建与开发需要低碳景区知识的宣传、碳汇机制的宣传，以及教会广大群众了解低碳生活的意义，形成节约资源理念、主动保护生态环境的动机与态度，在旅游活动结束后继续坚持低碳生活，逐渐形成生态文明时代的生活方式。

第二节　低碳旅游景区开发与建设

低碳旅游景区的开发与建设具有重要的经济、社会、文化意义，低碳旅游景区的开发与建设也需要培育、发展、壮大等多方面的过程。

一、低碳旅游景区开发与建设的注意事项

低碳景区的开发与建设应该注意以下几个方面，即营造低碳吸引物，建设低碳旅游设施，倡导低碳旅游方式，创建碳汇体验环境。

(一)营造低碳旅游吸引物

在低碳旅游景区的建设中，应该积极坚持低碳理念，合理、有效地引进先进的低碳化景区设施建设方案，立足本地资源，运用前沿低碳技术，积极营造、打造低碳旅游吸引物，努力在景区内建立起一套以低碳为基本标准的旅游吸引物，如低碳历史与人文景观、低碳人文性旅游活动、休闲娱乐活动区、低碳商品，以吸引游客前来参观、游览。从而在客观上起到节能减排的作用。

(二)建设低碳旅游设施

旅游设施是旅游行业向游客提供服务的基础，也是低碳旅游景区建设的基础。所以，低碳旅游景区的建设不能只依靠节能环保的低碳理念，更应该把当前世界先进的低碳技术或低碳技术产品直接或间接地应用到旅游设施的建设过程中，建立起一套完善的低碳旅游设施。第一，建立低碳宾馆、餐饮设施、低碳商业贸易区，不提供一次性餐具，不主动为顾客提供包装塑料袋等。第二，建立低碳交通体系与道路网，以避免道路建设对生态环境造成破坏，并科学合理地设计游览路线，减少交通流量；推广无碳交通方式，利用景区电瓶车，减少空座、空车现象，减少碳排放量。积极利用生物能、氢能、太阳能等清洁能源，有利于景区的可持续发展。第三，建立完善的景区废弃物综合处理系统，如引进先进的垃圾处理技术，建立完善的生活污水处理系统。第四，提高景区景点、餐饮旅舍、交通站点空间布局的合理化，减少景区内的碳排放量。如科学设置景区餐厅与景点、交通站点与景点之间的位置，使游客抵达餐厅、景点的运输碳排量达到人均最低，从而达到减碳目的。

(三)倡导低碳旅游消费方式

低碳旅游消费方式是一种科学文明的现代旅游消费方式，主要是指旅游者在旅游消费过程中，通过各种方式、途径来减少旅游者个人旅游碳足迹的消费方式。因此，在低碳景区的建设中，应当积极倡导低碳旅游消费方式，转变人们的消费观念，形成低碳思维方式与消费方式。第一，政府积极倡导低碳旅游消费方式，交流节能减排技术。如对导游和游客免费发放《景区游客低碳旅游消费指南》，进行有效宣传教育。第二，旅游企业也可一方面积极建设低碳旅游商贸区，另一方面加强宣传和积极引导。就低碳消费的具体方式而言，主要有：

1. 低碳交通

景区内实行交通管制，可采用自行车、牲畜等作为交通工具，鼓励步行游览，将因运输所造成的二氧化碳排放降至最低。景区之间的换乘可安排中巴或者电瓶车定时接送客人。鼓励旅行者选用碳排放量低的交通工具，如放弃飞机，选用火车、汽车、轮船等作为出行工具。短途旅行者可徒步或骑自行车，既达到环保的目的又有益于身心健康。

2. 低碳住宿

在低碳旅游景区提倡游客入住舒适、便捷的经济型酒店、乡村客栈、家庭旅馆等。并且在酒店内不主动免费提供一次性洗漱用品，提倡旅行者在住宿时自带洗漱用品、节约用水用电等。

3. 低碳饮食

选择旅游目的地的本地食物作为食材，避免因外来食品运输、包装、存储等环节所造成的能量消耗和碳排放；选择绿色食品，避免化肥、农药、生长激素和添加剂的使用；选择自备餐具，避免使用一次性塑料餐具以减少消耗的石化产品量。

4. 低碳游览

游客在游览过程中应该讲文明，做到除留下脚印不留任何东西，不随便丢垃圾；游客还可参加植树造林等活动，增加碳汇，以弥补因为交通运输、旅行消费所造成的碳损耗，从而达到反哺环境的作用。

5. 低碳购物

游客通过购买旅游目的地的土特产和旅游纪念品惠及当地经济，可以减少当地人为了谋生而砍树、采石、挖矿等破坏环境资源的行为。旅游地提供低碳旅游的各种咨询，如配备专业的低碳导游，在讲解美景的同时融入低碳的知识，设立低碳交通工具租借点，提供低碳饮食资讯，标示“低碳营业商店”，凡响应不使用一次性餐具、落实垃圾分类回收、不主动提供包装塑料袋、优先使用当地食材的商家皆有标示。旅游者应尽量自带饮用水，不买或少买瓶装水，抵制过度包装的商品，以达到减少废弃垃圾量和资源浪费量。

（四）创建碳汇旅游体验环境

旅游体验是旅游者通过游览、观赏、交往、模仿和消费等方式所体验到的一种愉悦的、超功利性的综合性体验。为了使旅游者得到这种愉悦的体验，应当为其提供一种低碳的旅游硬件设施、旅游文化、管理和服务等，即碳汇旅游体验环境，也就是综合了各种低碳自然和人文社会因素而形成的旅游环境。碳汇旅游环境的创建，主要在于碳汇机制的强化，最大限度地降低旅游活动过程中的碳排放强度。创造碳汇旅游体验环境是低碳旅游发展的基本层面，可以依靠政府、旅游企业、旅游景区、旅游者的共同努力来实现。第一，政府要积极推行旅游碳汇机制，制定碳汇旅游体验环境评估指标和监督机构，促进旅游经济景区的碳汇能力。第二，旅游企业与旅行社要积极引入低碳、碳汇机制、旅游管理理念，实施低碳技术装备和服务方式，实施低碳旅游行动转型。第三，旅游景区(景点)要积极实施低碳旅游景区的建设与维护，打造低碳旅游景区环境。第四，旅游者要自觉规范自身的行为，树立低碳旅游消费理念，采用碳抵消的旅游消费方式。

著名的河南云台山景区在近几年的经营活动中，基本上实现低碳运营。首先，在扩大住宿接待规模的同时，注重接待设施的低碳运营与管理，杜绝高档星级酒店与豪华装修，修建了满足游客基本食宿需求的经济型农庄，房间不提供一次性洗漱用品，有效节约了资源，走清洁化、多元化、深度转化和循环经济的发展道路，倡导“绿色、低碳、生态”的理念。在低碳农庄开发绿色食品，菜品全部产自当地社区居民的种植园，经过简单加工形成有机食品或旅游商品。此外，积极推广使用清洁能源，在景区外的生态移民村使用秸秆能源，以农村废弃秸秆为原料，经粉碎通过机械设备汽化炉进行缺氧燃烧生产可混合气体，经冷却、净化、除尘后由供气系统送给农户用于烧饭、取暖、发电等。

二、低碳旅游景区建设

低碳旅游景区的建设将会遇到诸多困难，如游客低碳习惯的养成需要时间、技术门槛高、成本高、景区低碳优劣难衡量等。因此就需要从低碳技术的角度，做多方面的努力与实践，如政府、景点管理与建设部门积极努力，从多个方面做好宣传，以利于低碳景区的建设与培育。

(一)宣传低碳与生态 GDP 景区评价理念

低碳旅游是一种全新的旅游方式，低碳景区建设与经营，不但意味着旅游产业经营与管理模式的转变，即从高消耗、高碳排放、高污染的经营模式转向低耗能、低碳排放与低污染的模式，也意味着游客必须转变传统的旅游习惯，适应、认同、习惯低碳的旅游方式。因此，低碳旅游景区的发展与建设，必须积极宣传低碳生活理念、低碳经济发展模式，以及生态 GDP 至上的景区评价理念，建立“生态 GDP”评价体系，改变如经济发展、生活质量、贫富差距、生存环境，以及人们对测评对象的意见、看法、期望值和满意度等方面的指数。建设一套由经济指标、社会指标、人文指标、环境指标共同构筑的、反映景区总体发展水平的指标体系，并将其贯穿到评价体系的定量指标和定性指标中，以维护景区生态环境，协调人与自然、社会的关系。同时，对于旅游者而言，积极宣传低碳旅游理念与方式，并通过低碳旅游服务，使其逐步适应低碳景区的开发与运营。如酒店不再免费提供牙刷、牙膏等日用品，减少床单更换次数，用电瓶车、牲畜取代汽车等交通工具，减少一次性餐具的使用，食用素食等。当然，这种全新的旅游方式对很多人的旅游习惯将提出挑战，如果大众能够接受，则无疑实现了节能环保和提高游客价值体验的双赢。

(二)充分发挥政府在低碳景区建设中的主导作用

当前，政府在社会、经济与文化发展中的作用日渐突出，并逐步显现出重要的主导与引导性作用。因此，在低碳经济与旅游产业发展模式已成为世界与全社会民众普遍诉求的前提下，低碳旅游景区创建与开发更需政府的积极参与、扶植，需要政府出台相关方面的政策，主导、支持低碳景区的建设与开发。第一，通过政府宣传，创造舆论与社会条件，引导、推行低碳旅游方式，营造创建低碳旅游景区的风气、环境。第二，国家应出台细化的低碳化政策、法规，将低碳旅游标准化和制度化，加快推进低碳旅游景区建设的步伐。第三，组织有关单位和部门，从资金、政策、土地政策等方面支持低碳旅游景区的建设，如通过政府立项，解决低碳景区(景点、景观、活动)建设中的技术、资金、配套设施等问题，为低碳旅游景区建设增强动力。第四，积极鼓励、激励景区内相关行业的低碳经营方式，进一步推进低碳旅游方式，最终形成全产业链的低碳经济模式。如鼓励旅游宾馆、饭店、运输等行业利用新能源、新材料，引进节能减排技术，减少温室气体排放，推进景区的低碳化经营。第五，制定低碳景区的行业准入标准，引入低碳旅游指标，对旅游景区景点及相关企业进行常规考核与管理，让低碳旅游真正成为时尚，成为人们追求的健康生活方式。第六，在低碳旅游景区的建设中，政府还应当积极借助公共组织的力量，解决制约低碳旅游业发展和低碳景区建设中的难点问题，如社会环境、公共设施和政策协调等，鼓励低碳旅游景区的构建。

总之，在低碳旅游景区的创建中实施政府主导型战略，对低碳旅游景区建设实行宏观性政策引导。如通过《国务院关于加快发展旅游业的意见》关于发展低碳旅游产业的规定(即合理确定景区游客容量，严格执行旅游项目环境影响评价制度，加强水资源保护和水土保持，倡导低碳旅游方式)，积极推进低碳旅游景区的创建与开发。

(三)加强低碳旅游景区的生态监控

低碳旅游景区的建设与运营是一项复杂的系统工程。培育低碳旅游景区不仅要从景区的规划入手，坚持低碳规划理念。景区的主体景观和各项服务设施也要尽可能减少二氧化碳的排放。而且在低碳景区的经营管理过程中，还需要经营者、旅游者树立节能减排的意识，保证低能耗、低污染、低排放。而要做到这些，既需要旅游主体的努力，还需要加大低碳景区的监控，从而积极构建出低碳化、资源节约型、环境友好型的旅游景区。具体而言，第一，加强生态智能监控系统。为了掌握碳排量与生态变化，保护景区环境，景区应当配备完善的旅游环境监控系统，利用遥感技术、全球定位系统、地理信息系统和专家预测预报系统定点、定时、定位监测水文、地质、森林、空气状况。通过对监控到的数据、资料、信息进行科学研究及分析，可以更好地掌握景区环境因子的动态变化规律，为景区的科学保护和合理利用提供科学依据。第二，设立资讯传播平台。在营销宣传上，运用先进的 LED 显示技术与卫星通信技术相结合的电子系统，有效节约了纸质资源，保证信息传递的及时性和准确性。如运用 LED 屏幕宣传低碳旅游知识，全天候地滚动播出景区的影像资料、科普知识、生态教育、购物须知以及温馨提示等内容，可帮助游客深入了解景区，对提高景区知名度、扩大客源市场具有明显的作用，达到生动引导游客文明旅游、安全旅游、健康旅游的目的。

(四)形成景区间的低碳战略联盟

低碳经济背景下，低碳景区的建设面临着技术变革、设备更换、基础设施及知识创造与传播过程等多方面的压力。同时，由于低碳旅游景区的营销模式创新还处于摸索阶段，为此，低碳景区之间应该结成战略联盟，共同应对外部变化，这必将增强竞争力。而联盟的模式主要有两种。其一，横向联盟。利用低碳旅游景区间的联合价值链，共同运用其他景区的资源与技术，以创造更大价值的联盟系统。如运用技术联盟，联合其他景区共同研究适用于低碳景区的能源、交通、基础设施技术，并整合人力、知识资源优势，景区之间彼此互补，相互协调，以及分摊新技术开发的成本，形成企业在低碳经济时代的新竞争优势。再如通过组建营销联盟，可以扩大低碳旅游景区的影响力，并分享市场营销中的资源，达到降低成本、提高效率、相互学习、优势互补，避免同类旅游景区在激烈竞争中所产生的负面效应。其二，纵向联盟，指低碳景区与处于旅游产业链上的其他相关的旅游企业合作，以增加价值的合作竞争系统。如低碳旅游景区与旅行社的联盟，景区与旅游交通行业之间的联盟，景区与旅游餐饮行业之间的联盟，与旅游宣传部门之间的联盟，等等。

(五)转变经济发展模式，实现旅游产业模式的低碳转变

低碳旅游产业发展影响着低碳旅游景区的创建与开发，旅游产业发展模式的转变又受制于整个社会经济发展模式的转变。因此，为了发展低碳旅游产业，开发、创建低碳旅游景区，必须适当转变整个区域经济的发展模式。而且，我国多年的旅游产业的发展实践已经证明，在传统粗放型经济发展模式下，旅游产业的低碳发展必然会受到影响，更不用说低碳景区的建设了。因此，大背景下的经济发展模式转变，不但需要转变整体社会的经济发展模式，更应当着力转变旅游产业的发展模式，调整旅游产业结构，淘汰落后产能，实现旅游产品升级换代，将对景区环境的破坏程度减到最小，资源和能源的消耗程度降到最低，保护经济发展所依赖的各种资源，改善人居环境。从而使得旅游产业实现从传统高能耗、高污染、高排放的模式向绿色、环保、低碳的旅游产业模式转变，进而培育众多的低碳旅游景区。

第五章　低碳文化旅游产业开发

随着世界旅游产业快速发展、旅游市场竞争的日趋激烈，以节庆、会展、文化为主题的旅游方式日益成为人们外出旅游的主要选择，并对地方旅游产业市场及区域经济、社会、文化的多元发展日益发挥着不可或缺的推动作用。分析当前节庆、会展、文化旅游产业发展中存在的“三高”问题，探索推进节庆、会展、文化旅游低碳发展的途径、模式，将对旅游产业、地方经济与文化的低碳化发展起到重要的推动作用。

第一节　低碳文化旅游产业

一、节庆、会展与文化旅游

（一）节庆活动与节庆旅游

1. 节庆活动

节庆活动是指在固定或不固定的日期内，以特定主题的活动为主要内容而形成的节日性活动、庆典、公众集会等。就目前国内外的节庆活动而言，主要以某地区特有资源历史、文化、艺术、竞技与体育、物产特产、风情风貌、地理气候优势、遗址古迹等为基础开展的群众性、公众性庆典活动。以我国而言，节庆活动的种类很多，从节庆内容可分为祭祀节庆（如祭拜黄帝陵、炎帝陵、孔庙等节日）、纪念节庆（端午节、七七节）、庆贺节庆（五一节、国庆节）、社交游乐节庆（泼水节、花儿会）等；从节庆的时代性可分为传统节庆（传统春节、中秋节、腊八节）和现代节庆（如青岛国际啤酒节、北京国际旅游文化节等）；还可将节庆分为民族节庆（如蒙古族的那达慕节、藏族的雪顿节、回族的尔德节）、大众节庆活动；从节庆性质可分为单一性和综合性节庆。

2. 节庆旅游

节庆旅游则是以某种具有鲜明主题的公众性庆典活动为旅游吸引物而开发形

成的一种新型旅游产品。就是对区域性节庆资源进行旅游策划和包装，使其对游客产生定向吸引，并将游客纳入旅游活动之中打造而成的一种专项旅游形式。节庆旅游是近些年迅速兴起并快速发展起来的一种现代旅游形式，与传统旅游活动相比，节庆旅游的资源依赖性较小，牵动效应比较显著，因而在宏观上对旅游地的经济、政治、文化具有广泛而深远的影响，具有推进地方社会、经济、文化发展等多方面的综合效益。

传统旅游活动中，人们大多关注旅游区、旅游景点的硬件与基础设施建设，相对疏于对旅游区、旅游过程中的文化内容、软件的关注，因此旅游过程中的参与度、感受度、体验度、融入度较低。但随着社会经济文化的发展，人们的文化需求日益增加，人们对旅游过程中的文化内容、软件的关注度、需求度逐步增加。而节庆旅游正是通过游客的主动参与，将游客深深地吸引、纳入旅游活动之中，不仅可满足旅游者日益增加的文化需求，还可提高游客的参与度和体验性，使其相当程度地融入旅游活动之中，体验文化旅游带来的身心愉悦。因此，节庆旅游在微观上也具有满足人们的文化需求、心理需求，提高身心体验度、融入度的功效。故而节庆旅游不仅代表着当前旅游产业的主要发展方向、趋势，也日渐成为旅游产业、地方经济社会发展的重要支撑。各个地方对以节庆为主要内容的旅游形式也愈发重视，甚至将节庆活动、旅游与地区形象、地方形象塑造连成一体，来打造节庆旅游活动。进而，在中国旅游产业的发展过程中，各种节庆活动和节日庆典、文艺表演与日俱增，节庆活动已经逐步从以前的“文化搭台，经贸唱戏”的简单手段发展为专项旅游产品，从一些成功举办的节庆活动来看，如青岛国际啤酒节、大连国际服装节等，特色节庆活动的举办对区域经济的推动作用是毋庸置疑的。基于对节庆旅游的诸多社会、经济、文化综合功效的认识，20 世纪 90 年代以后，西方国家旅游学界对节庆旅游也展开了更加活跃、深入的研究。

(二)会展活动与会展旅游

1. 会展活动

会展即会议、展览，是人们对重大社会、经济、文化、外交事宜群体性交流与讨论活动，以及重大展览活动。会展活动则是指人们在日常经济和社会活动中，围绕特定的主题定期或者不定期举行的集体性的物质、文化、信息交流的活动，主要是指人们在特定空间、时间内的积聚，它是人类物质文化、社会、经济发展到一定阶段的必然产物，是指人们在特定空间上的集体性的物质、文化的交流交易活动，主要包括会议和展览两个方面。会议主要是指人们聚集在一起为了一个共同目的而进行的商讨，可以分成企业界会议和非企业界会议。其中非企业界会议又可以包括政府组织的会议和非政府组织的会议。常见的会议类型有大会(assembly)、定期性会议(congress)、工商界会议(convention)、报告会(lecture)、座谈会(panel discussion)、研讨会(seminar)、论坛(forum)、专题研讨会(symposium)等。展览的基本含义是将物品陈列出来供人们观看，既具有观赏教育功能，又具有销售推广实效。展览在性质上可分为贸易展与消费展两种，在内容上可分为综合展览与专业展览两种，在规模上有国际、国家、地区、地方展以及单个企业的独家展，在时间上有定期和不定期之别。另外，按照场地位置还可以分为室内展与室外展。

会展活动始于1851年英国伦敦主办的第一届世界博览会。随着全球经济迅速发展、跨国公司不断壮大、经济合作趋势日益加强，会展活动已经成为现代世界经济体系与经济活动的重要方式之一，甚至成为经济发展的主要推动力。据国际会议协会估算，目前全世界每年的大型会展不少于15万个，仅国际会议就有7万多个，参加国超过4个、参会外宾超过50人的各种会议达到4万人次以上。而且，以贸易展览会和博览会为主要形式的世界性会展活动已成为世界范围内的产品流通的重要渠道，世界全年用于国际会议的支出高达3 000亿美元。为此，各国各地大力建设会议中心，全力争取各种国际、国内会议的举办权。目前，日内瓦是世界上举办会议最多的城市，一年要召开3万多次会议，美国及欧洲发达国家也是主要的国际会议举办国。21世纪以来，国际会展业中心逐步向亚洲尤其是中国转移。据粗略统计，当前全国上规模的展览场馆有160座以上，每年举办各类展览会4 000多场。中国每年举办的广交会、海南博鳌亚洲论坛等国际会议影响越来越大。尤其是上海世博会的成功举办，不但实现了中国文化与世界文化之间的交流，也使得中国会展业发展迈上了一个新的平台。与此同时，随着会展活动的日益增加，以城市为中心的各种商务、会议活动数量不断增加，国际交往和国际会议日益频繁，随之出现了不少会议城市。世界上十大旅游目的地城市无一例外地成为会展目标城市。

2. 会展旅游

世界范围内广泛开展的会展活动不仅促进了世界各国经济、文化的交流与发展，也由于参会者购买力强、服务要求高、影响力大，逐步发展成一种特殊的“会展经济”。同时由于会展活动所具有的独特文化性、交流性、体验性、融入性特征，会展业和旅游业的联系越来越紧密，以会展活动为主要内容的商务型旅游活动逐步产生，成为世界各国日渐重视的旅游活动与项目。由于节庆旅游对区域知名度提高、区域文化广泛传播、区域旅游品牌塑造、对外经济合作促进、推动区域经济发展具有重要作用，近年来国内学术界对节庆旅游的研究愈来愈重视。尤其是近年来，随着会展业的大踏步发展，会展旅游逐步成为一个新兴的旅游产业，有力地促进了区域旅游经济的发展。世界上许多旅游大国、强国都将会展旅游作为旅游经济与产业发展的主导产业、支柱产业加以扶植。

与此同时，会展旅游产业之所以获得如此迅猛的发展，原因主要有三方面。首先，旅游业和会展业具有很好的边界弹性。旅游业无法独立于特定的社会环境之外而单独存在。同时，旅游产业处于动态发展的过程中。旅游产业化本身就是城市经济结构优化过程中诸多产业边界融合的产物。其次，会展业和旅游业产业构成的辅助层面是高度重合的，两者的产业关联度很强。会展的组织者需要有目的地提供卓越的购物、经典的餐饮、丰富的旅游机会。再次，在现代服务业迅速发展的大背景下，都市旅游产业提升的一个重要方向是满足性消费，这种产业能级提升的直接推动力来自会展业的需求关联，两者相互促进、相互需要，从分立走向融合，最终使得两者边界模糊，而使会展旅游业的发展愈发迅速。这里，我们也给会展旅游一个新的描述：会展旅游是指以在特定时间、特定地点举办的会议展览等有信息交流、商务交往或展示性质的活动为诱发因子，吸引活动参与者或者有兴趣的游客前往活动举办地进行参观、游览等活动的一种旅游形式。在这种描述中，我们将会展旅游这一概念的核心界定为包括了会议、展览以及具有信息交流、商务交往或展示性质的活动，甚至包括了部分作为吸引游客而存在的活动。由此而产生的游客是多种多样的：一方面活动的主办者和参与者会转变为游客，另一方面一些诸如展览活动等具有吸引力的活动也会吸引很多普通游客。此外，一些具有特殊意义的会展活动，常见的包括奥运会、世博会等，在会展活动结束后依然具有强大吸引力，长期吸引旅游者。

3. 会展旅游的内涵与特点

在会展旅游快速发展的背景下，我国旅游学界同人也展开了会展旅游内涵的深入研究。首先，对于会展旅游的内涵，周春发认为："会展旅游意指包括各类专业会议、展览会与博览会、奖励旅游、大型文化体育盛事等活动在内的综合性旅游形式。"应丽君认为："会展旅游就是通过会议、博览、展览、文化体育、科技交流等各类举办活动而开发的一种新型旅游产品。"何建英则认为："会展旅游是指以会议、展览为主要吸引物，吸引旅游者前往会展举办地参加会议、展览及相关活动，满足旅游者人际交流需求的一种综合性旅游产品。"

其次，对于会展旅游的内容，谢雨萍、邓祝仁认为：会展旅游包括奖励旅游、会议、展览三大块，是借举办各种类型的会议，招徕各方客人洽谈业务、交流沟通和旅游参观访问，为其提供食、住、行、游、购、娱、等方面的良好服务，刺激消费，从而为当地创造效益。吴明远将会展旅游分为四类旅游产品：会议旅游、展会旅游、节庆旅游、文体旅游，并将会议旅游分为政府会议、协会会议、公司会议，把展会会议分为交易会、展览会、博览会。这个分类将奖励旅游排除在会展旅游的范围之外。何建英提出会展旅游是以会议、展览为主要吸引物，吸引旅游者前往会展举办地参加会议、展览等活动，满足旅游者人际交流需求的一种综合性旅游产品。其具体内容包括会议旅游和展览旅游两大类。

笔者认为会展旅游具有以下特点。其一，会展旅游吸引物的构成形式多样化。不仅会展活动本身成为吸引力要素，会议举办地的名胜、传统旅游资源等都有了很强的吸引力。其二，旅游者具有较高的消费层次。会展活动旅游者中，参加会议、展览的人大部分都有一定的社会地位和收入，这些人对于旅游地服务质量、特色都有很高的要求，相比普通消费者消费能力也更高。其三，会展旅游地更加多元化。以前，会展活动多发生在大中城市以及经济较发达地区。近年来，旅游业发展迅速，优秀风景区、特色旅游地也可以以此为基础，建设场馆设施，承办会展活动。

(三)文化旅游

1. 文化旅游的含义

文化旅游(cultural tourism)是指旅游者通过以文化、人文资源为主要内容的旅游活动，感知、了解、体察人类不同地域、民族、国家、种族的文化的行为过程，如历史文化遗迹、建筑文化、民族民间艺术、民俗与风俗、宗教信仰文化等。文化旅游也指以鉴赏异地传统文化、追寻文化名人遗踪，或参加当地文化活动为目的的游览活动等。故而文化旅游是以文化地域差异性为诱因、文化碰撞与互动为过程、文化融洽为结果的心灵感受与体验过程。通过文化旅游可使旅游者获得一种超然的文化感受，体验文化的民族性、艺术性、神秘性、多样性、互动性，获得富有文化内涵和深度参与的旅游体验，并体现在审美情趣的激发，民族、宗教情感寄托的过程中。如汉诗旅游、历史探秘旅游、书法学习旅游、围棋交流旅游、名人足迹寻访旅游、民族风俗旅游，可谓种类众多，文化深厚。因而文化旅游也在一定程度上摆脱物质资源的束缚，利用更为丰富的软性资源展开有效的旅游活动。由此，文化旅游与节庆、会展旅游有着共生的特性，节庆、会展旅游都可成为文化旅游的有机组成部分。而且就现阶段世界旅游产业的发展而言，随着旅游产业多元化，节庆、会展与文化旅游的结合越来越广泛、程度越来越深，也促生了节庆文化旅游和会展文化旅游等新概念。

2. 文化旅游构成

当前中国文化旅游构成大致可分为四个层面。第一，以文物、史记、遗址、古建筑等为代表的历史文化旅游；第二，以现代文化、艺术、技术成果为代表的现代文化旅游；第三，以居民日常生活习俗、节日庆典、祭祀、婚丧、体育活动和衣着服饰等为代表的民俗文化旅游；第四，以人际交流为表象的道德伦理文化旅游。当然，在社会现实中，文化旅游都具有多元性的特征。如普洱市所开发的茶文化旅游，不但包括茶马古道的历史文化、遗迹与传统，还由于普洱以盛产茶而著名，形成了独具特色的茶文化与民族文化，从而将自然生态资源、水域风光资源、人文历史旅游资源与茶文化、民族文化、口岸文化融为一体。

文化旅游产业则是以文化旅游为基础而发展起来的产业，是以文化资源的欣赏、体验、感受、参与、融入为特征的旅游产业，是随着社会经济、文化需要的增长，新近出现的集政治、经济、教育、科技等于一体的旅游方式。通过文化旅游产业的发展，不仅可挖掘地方文化资源、完善地域旅游产业与经济结构、撬动地方经济腾飞，还可进一步丰富旅游者的阅历、经验，提高旅游者的品位、思想素质、技能、才干，使其有所作为。2004 年以来，我国文化旅游产业增长率达到15%，比同期国内生产总值增速高 6 个百分点，成为经济寒冬中的一股暖流。因此，文化旅游不仅成为当前旅游产业的重要组成部分，而且日益成为当前世界各国国民经济发展的支柱产业之一。由此，党的十七大明确提出：要积极发展文化事业、文化产业，激发全民族文化创造活力、推动文化大发展大繁荣。《“十二五”国民经济社会发展规划纲要》也明确指出将文化旅游产业推动成为国民经济发展的支柱产业之一。

二、低碳节庆、会展与文化旅游产业

现代化、工业化发展模式暗含着产业化、规模化的发展逻辑，以大量能源与资源的消耗为前提，带来高耗能、高排放、高污染的后果与问题，造成人类生存环境、大气环境的巨大污染与破坏。1972 年瑞典首都斯德哥尔摩召开的人类环境会议提出了“只有一个地球”的响亮口号。基于此，低碳发展理念、低碳经济模式应运而生，并逐渐成为当今世界经济、社会发展的一个主要潮流，即以低能耗、低排放、低污染的经济发展模式，推进经济、社会与生态环境的绿色发展、可持续发展。这对处于高速规模化、产业化过程中的中国旅游产业而言，无疑提出了严峻的挑战。为了适应当今世界经济低碳发展的主流理念与趋势，为了保护区域环境乃至整个地球的自然与大气环境，我们必须在发展旅游产业的过程中贯彻低碳发展理念。通过低碳技术运用、碳汇机制推行、低碳旅游消费方式倡导，构建新的低碳旅游产业发展模式，从而减少能源消耗、碳排放量，降低污染，让游客获得更高层次、更高品质的旅游体验，进而收获更大的经济、社会、环境效益。尤其是对于当前中国蓬勃发展中的节庆、会展、文化旅游产业而言，必须将低碳环保当作衡量其经济效益、社会效益与价值评判的重要因素，积极探索低碳节庆、会展、文化旅游产业创新发展的模式、路径。

(一)低碳节庆旅游产业

节庆旅游是以节庆活动为主体而展开的旅游活动，是以某种具有鲜明主题的公众性、庆典性活动作为旅游吸引物而开发的一种具有现代特征的新型旅游产品。和其他旅游形式不同，节庆旅游最为突出的是其旅游的集聚效应，即能够在短时间内为旅游地带来大量的人流、物流、信息流等，带动一系列的旅游项目。由此，在旅游产业竞争日趋激烈的当下，节庆旅游项目的开发格外得到各地政府和旅游开发商青睐。但值得注意的是，在节庆旅游产业高速发展的过程中，由于节庆活动的举办、旅游内容的设计明显带有产业化、规模化痕迹，节庆规模、人数、内容、经济量便成为衡量节庆活动、旅游产业的基本指标，节庆活动、旅游便具有了经济定量评价的作用。张伦书认为举办节庆活动的实质是以发展为宗旨，以加快人流、物流、资金流的转换为手段，促进经济、文化和社会全面进步是其追求目标，节庆活动就是节庆经济。李玉新认为节庆旅游对目的地的经济影响可分为三个层次：节庆本身的经济效益、对目的地经济的直接影响、对目的地经济的总体影响，应以此建立节庆旅游对目的地经济影响的测算模型。石玉凤还以经济学的价值理论为基础分析了节庆旅游的价值、使用价值和交换价值，指出节庆旅游的价值增值完全是由人才投入带来的，故若要取得更好的经济效益，需要在降低经济投入的同时，提高人力投入的管理水平和实施力度。由此，以经济效益为基本衡量指标的规模性节庆活动的举办、旅游活动与产业的发展不仅给举办地带来较大的经济负担，而且引发高耗能、高排放、高污染问题，严重影响节庆活动举办地点的生态环境、大气环境。因此，在低碳理念逐步普及，低碳发展模式成为世界经济发展模式必然趋势与选择的背景下，必须在节庆旅游发展过程中贯彻低碳发展理念。在节庆旅游发展过程中积极开发低碳旅游产品，运用低碳旅游交通工具、旅馆、餐厅，尽量降低节庆活动与旅游过程的碳排放量、能源消耗，从而达到享受旅游与减少环境、大气污染的双重目的，以更少的碳排放量来获得更大的旅游经济、社会、环境效益。

(二)低碳会展旅游产业

在旅游产业竞争日趋激烈的今天，会展旅游作为一种新兴旅游发展模式，得到了人们越来越多的关注，各国、各地区都积极通过会展业来促进会展旅游产业发展，并以此来提高区域知名度、广泛传播区域文化、塑造区域旅游品牌、促进对外经济合作、推动区域经济发展。由此，会展旅游业逐步成为“旅游皇冠上的宝石”。然而，会展产业、会展旅游业发展过程本身存在的高人流、高物流、高耗能现象，使得会展旅游产业高速发展并带来巨大商机的同时，也人为地造成了高碳排放、高污染的问题与压力。于是，伴随着低碳发展理念的逐步深入，低碳化发展模式也就成为会展旅游产业的重要选择。会展旅游业如何走低碳化的发展之路也成为社会各界普遍开始重视、讨论的课题。与此同时，由于会展旅游自身具有资源节约和环境保护的意识，能积极传播低碳理念，推动低碳经济发展模式，因此，低碳发展模式与会展旅游产业发展不谋而合、相互促进，也为会展旅游发展带来了新的发展契机。如 2010 年上海世博会系统践行低碳理念，深化低碳实践，强化低碳传播，积极倡导、践行“低碳、绿色”的发展理念，通过建设绿色世博园、合理利用世博园土地、最小化资源消耗、循环利用废弃物、无害化处理生活垃圾等手段，使得上海世博会成为上海向世界所有国家、游客展示其低碳经济发展成果的最佳平台，得到了业界的广泛称赞与好评。

会展业与旅游业之所以能够实现契合、实现低碳化发展之路，其原因还有以下三个方面：

第一，会展设施为低碳旅游产品的开发与创新奠定了基础。会展过程中，展厅、各种设施及各个展商的产品大多数都占用了极多的资源，一定程度上造成了资源浪费。但展馆如果能够采用可拆卸、重装的设备，搭建过程中尽量采用节能环保材料，会展业就会为旅游产品的开发形成基础，如能将会展设施进行低碳设计，也能够提升会展旅游地的文化品位。在这些积极因素激励下，不难推动整个旅游地的低碳发展。

第二，通过会展旅游业的发展，可适当进行低碳营销、宣传。会展旅游业的参与者非常广泛，以低碳理念作为会展旅游地的新卖点，无疑可获得极大的宣传优势，能够吸引更多生产商参与，并能够得到更多普通游客的关注，使得低碳理念逐渐得到宣传并被人们熟知。

第三，通过低碳会展旅游活动的开发，可创造低碳管理机制得以实践、运行的契机。低碳旅游业的发展，除了有低碳理念、低碳设备，更要有低碳管理、经营的机制。因此，通过会展业的低碳发展，不仅可践行低碳发展的理念，也可制定、实施低碳管理、运营的机制，使会展业与会展旅游业的发展切实做到低碳开发、运营。而这将为低碳理念的宣传、实施创造契机。如对会展办公、经营过程中的各个方面的低碳设计，对会展旅游服务人员的低碳教育，最终形成支撑会展低碳运营的理念，创造员工实践低碳会展旅游业良性发展的机会。

(三)低碳文化旅游产业

低碳旅游是一种全新的旅游观念与旅游产业发展模式，是一种以低碳产品开发，低碳交通、住宿、餐饮等途径来实现节省资源、能源的目标，降低旅游过程中的碳排放量的旅游方式。由此可知，低碳旅游是一种体现人类精神文明、物质文明，贯穿持续发展、绿色发展的文化活动。文化旅游则是人们在旅游地领略、参与、享受独特的人文景观、风光、艺术、生活习惯的一种休闲娱乐活动，如历史探秘、书法学习等。因而，对旅游者而言，文化旅游是一种心灵体验性的旅游活动，能够给人一种超凡的文化感受，并在欣赏文化之美的过程中，心灵得到洗礼。而且旅游地的文化积淀越厚、民族文化特征越鲜明、历史积淀越厚重、生活气息越浓郁，就越能给旅游者带来强大的文化感召力，并使其保持强大的文化旅游生命力。因此，文化旅游与低碳旅游同样具有很高的暗合度、契合度，都有以精神体验为目的的逻辑与发展规律。大力倡导低碳文化旅游，可使旅游者在旅游过程中享受各地区的文化资源，使人们接受文化的洗礼，从而增加文化认同感，形成保护国家与民族文化的意识。

首先，低碳旅游为文化旅游的发展提供了很好的保护。旅游景点的低碳化发展能够给旅游者提供一个很好的旅游环境；对于低碳文化的弘扬和宣传可以促使游客自觉文明地旅游，从而增加旅游的文化意义。两者相得益彰，形成良性循环。而在舒适的旅游过程中，旅游者的精神、文化需求也得到了极大的满足，旅游地在获得很好的经济效益的同时，也创造了很好的社会效应。

其次，文化旅游为低碳旅游的发展提供丰富的资源。文化旅游在推动低碳旅游的发展方面有着得天独厚的优势：参与者分布较广，可以推广低碳理念；旅游业涉及行业多，能够在各个行业内推广低碳理念，从而加快整个社会的低碳化进程；文化旅游项目多以自然生态环境，如原始森林、未污染的海水等为依托，文化旅游能够为低碳旅游的发展提供丰富的资源。

最后，低碳旅游与文化旅游的发展对旅游经济具有极大的促进作用。旅游业是一种经济事业，同时也是一种文化事业。这就决定了旅游业不光可以带来极大的经济效益——这是全世界都在发展旅游业的重要原因，同时可以带来深远的文化影响。旅游业的文化是地域的文化，是民族的文化。在文化旅游的基础上，低碳旅游将很好地促进旅游经济的可持续增长。

第二节 低碳文化旅游产业的开发

在全球气候逐渐变暖，所有行业都在积极调整产业结构、节能减排、降低能源消耗与碳排放量、降低碳污染的大背景下，积极发展低碳旅游产业是对低碳理念、低碳经济发展模式的积极响应，也是旅游产业与低碳发展模式的有机结合，当然也无疑对政府、旅游产业企业开发低碳节庆、会展与文化旅游产品提出了新的要求。

一、低碳节庆旅游产业开发

（一）低碳节庆旅游产业开发意义

1. 低碳节庆旅游可以塑造旅游地的形象

节庆旅游是以节庆活动为主体开发的新型旅游产品。低碳节庆旅游作为一种全新的、特殊的旅游产品，拥有与其他旅游产品截然不同的特征，并能在较长时间内引起公众对低碳理念、低碳发展模式的关注，甚至可在一个较长时间段内成为公众关注的焦点。这样通过低碳节庆旅游产业的开发与经营，可迅速提升旅游地的文化品位、地域形象，从而使旅游地在游客心中的文化品质地位不断提升。以大连国际服装节而言，在多年举办过程中，服装产业与旅游产业互相结合、共同发展。这不但使得民众在心目中已将“服装节”与大连城市形象、定位、品位等同起来，而且大连在民众心目中也成了美丽、浪漫、精彩的代名词。同时，在举办低碳节庆旅游活动的过程中，旅游地的环境也可不断得以改善，城市绿地面积不断增加，城市档次不断提高，市政管理日益加强，城市形象标志逐渐形成，城市景区的软、硬件条件不断改善。

2. 低碳节庆旅游使旅游地群众具有低碳发展的使命感

低碳节庆旅游产品、产业的开发，不仅能够使旅游地长期吸引民众，也可塑造旅游地的精神风貌。更重要的是通过低碳节庆旅游产品、产业的开发，能够使低碳节庆旅游成为旅游地的象征和当地居民的精神寄托，增强旅游地居民的自豪感和凝聚力，使低碳节庆旅游开发、经营成为当地居民的使命。

3. 低碳节庆旅游可以增强旅游地的核心竞争实力

节庆活动具有一定的特殊性和地域性：节庆活动都有一定的唯一性、垄断性和排他性。一般情况下不会重复出现。所以低碳节庆旅游产业一经开发，不仅可使地域文化得以合理延伸，建立地区旅游形象，还可进一步增强地区旅游产业的竞争力。

(二)我国低碳节庆旅游产业开发原则

我国节庆旅游的发展具有以下特点：举办地规模大小不一，且规模大小与节庆的数量无明显相关关系；节庆类型丰富多样，但是资源型旅游节庆占主导；多数节庆旅游历史不长，节庆旅游的品牌建设不足；举办者以政府为主，但市场化的运作趋势逐渐显现。当前中国节庆旅游开发存在着一些误区，如重视经济、忽视文化，重视政府、忽视市场，重视形式、忽视内容，重视游客、忽视居民。我国低碳节庆旅游活动与产品开发应当根据节庆活动的基本特点：稳定性、大众化、文化性、复合性，坚持以下原则：

1. 坚持节庆旅游低碳开发模式

我国低碳节庆旅游活动开发的基本模式是：贯彻低碳发展理念，倡导低耗能、低排放、低污染，以节庆活动为主题，积极挖掘其内涵，打造低碳节庆旅游吸引物，从而形成良好的吸引力。运用低碳旅游交通工具、旅馆、餐饮，达到享受旅游过程与减少环境、大气污染的双重目的，以更少的碳排放量来获得更大的旅游经济、社会、环境的效益。

2. 注重节庆旅游活动开发的时间、空间分布规律

节庆活动的发展与分布，在历史与现实中逐步形成特定的时间规律，如：节庆活动的季节性，即主要集中在春、秋两季；节庆活动的历史性，即历史越长，知名度就越大；节庆活动的初期性，即最初几届影响力明显，其后逐渐趋于平缓；节庆活动投资产出的时间规律性，即节庆活动成长期需要较多投入，成熟期产出大于其投入，衰退期的产出则显著下降，等等。因此，在低碳节庆旅游活动与产品开发的过程中，应当根据节庆活动所特有的时间规律，加大开发。节庆活动的距离影响节庆活动的影响力，如距离主办地较远的地方，其影响力会明显减小；再如节庆之间的空间距离越紧、密度越大，节庆活动的影响力也随之减少。如我国东部地区节庆活动多于西部地区，尤其是长三角、环渤海、珠三角地区的节庆活动分布较为密集，因此其影响力相对较小。

3. 注重节庆活动的文化性、内容性

低碳节庆旅游兼具文化、经济效益双重属性，离开了文化内涵，只重视经济效益的节庆就成了无源之水、无本之木。就当前我国节庆旅游活动的发展而言，由于存在"重视经济效益、忽视文化内涵""重视形式、忽视内容"的观念误区，诸多节庆活动具有很强的经济功利性、形式性的特征。如热衷于开幕式、展览会、洽谈会、招商会、闭幕式等千篇一律的形式，把目光过多地放在了旅游节庆的表面形式上。如过分强调到场官员、明星、媒体以及商家的规模与级别，结果是难以发展、壮大、成长为著名的旅游节庆品牌。为此，要想做大做强低碳节庆旅游，创造低碳旅游节庆品牌，须借鉴西方发达国家的经验，注重审美愉悦、精神享受、文化熏陶的办理节庆理念，做到以下几点：第一，加强节庆旅游的文化性、内容性，以丰富的文化、悠久的历史内容为节庆活动主题，创办节庆活动，最终打造世界知名低碳旅游节庆活动。如重走长征路、红色旅游等。第二，在一定区域内，合理布局节庆旅游活动，注意自然景观节庆、历史文化节庆、民俗风情节庆、物产餐饮节庆、博览会展节庆、休闲运动节庆、娱乐休憩节庆以及综合节庆的合理安排。

4. 加强低碳节庆旅游产品开发的市场化

当前，我国旅游节庆活动的创办往往是由政府牵头、主办，按行政方式运作。其结果则是政府成为节庆活动的主要投资人，企业则较少参与节庆性活动，不能形成良好的企业参与旅游节庆的机制，极大地限制了企业主动性、积极性。因此，低碳旅游节庆活动要在激烈竞争的市场中立于不败之地，无论是旅游节庆活动的举办方还是参与者，都应当充分利用市场机制，把旅游节庆纳入市场经济的轨道中来，遵循“资金筹措多元化、业务操作社会化、经营管理专业化、活动承办契约化、成本效益平衡化、管节办节规范化”等基本规律和原则，建立低碳节庆旅游的市场化运作机制，实现“成本最小化”和“效益最大化”的目标，从而实现节庆旅游资源的有效配置、节约成本的目的。

5. 增强低碳节庆旅游主题的本土化、国际化

低碳节庆旅游主题是提高民众参与率、市场效益、社会效益的关键，主题选取不仅要凸显地方特色，也要与外来先进文化相融合，展现时代个性与创新精神，即低碳节庆旅游活动主题的地方化、国际化。首先，注重低碳节庆旅游主题的本土化。“民族的也是世界的”，旅游节庆主题的本土化、民族性越强，对求新、求奇、求特的旅游者来说，感召力、吸引力也越大。因此低碳节庆旅游活动、产品的策划与开发，应重视本土文化的挖掘、利用，突出主题的本土化特色。其次，在文化全球化趋势越来越明显的当今，为了能开发出和世界文化相联系的低碳节庆活动，低碳节庆旅游活动、主题的策划须积极借鉴外来文化，走国际化的道路。当然，低碳节庆旅游产品的国际化开发，首先要适应市场需要，满足大多数游客的需求；其次要与地方文化相协调，联系本土文化，才能创造出和谐、新奇、鲜明的效果。也就是将本土文化和外来文化结合起来，以较为宽泛的地方文化背景(如地域文化、历史文化、宗教文化、商业文化、饮食文化等)作为基础，体现主题的鲜明性和包容性，才能提升旅游节庆的文化品位，扩大旅游节庆的市场影响，塑造旅游节庆品牌，打造旅游节庆的核心竞争力。

(三)低碳节庆旅游产业开发方向

我国低碳节庆旅游活动、产业的开发，必须在详细了解我国节庆活动类型、历史、内涵、特点的基础上，进行低碳开发。就目前我国节庆旅游活动的发展来看，由于我国物产丰富、资源多样、历史悠久、民俗独特、饮食文化源远流长，各种节庆活动种类繁多，且以物产餐饮、历史文化、民俗风情、自然景观节庆旅游活动为主。所以我国低碳节庆旅游产业的开发可以以全国各地的物产、餐饮、历史文化、民俗风情、自然景观为主体方向，加强低碳物产与餐饮节庆旅游、历史文化遗产节庆活动与旅游、民俗风情节庆活动与旅游、自然景观节庆活动与旅游等产业的开发。

(四)低碳节庆旅游产业经营创新

低碳节庆旅游发展关键还在于经营。我国低碳节庆旅游活动的产业化创新经营应该注意以下几个方面：

1. 创新低碳旅游产品的开发机制

创新是低碳节庆旅游产业持续发展的前提。在我国低碳节庆旅游产业发展过程中，应积极挖掘传统节庆的内涵和外延(包括节庆起源、神话传说、民间风俗、节目表演、祭祀、庆典等)，将现代技术、科技元素、观念元素创新性地注入节庆旅游活动中，开发出具有现代意义的节庆旅游产品，打造低碳旅游吸引物，从而吸引游客。同时，积极加强宣传，引导公众积极参与低碳节庆旅游活动，实现传统节日旅游的现代转型。

2. 依托特色资源，打造低碳节庆旅游品牌

品牌是进一步提高低碳节庆旅游活动吸引力的源泉，是维持低碳节庆旅游产业的生命力。如：人们常常提起奔牛节就会想起西班牙，提起啤酒节就会想到德国的慕尼黑，提起电影节就会想起戛纳、好莱坞。因此，在低碳节庆旅游产品开发、产业发展与经营中，必须坚持低碳发展理念与模式，积极挖掘传统节庆(如春节、中秋节等)的内涵，打造低碳节庆旅游品牌，抓住某一节庆旅游活动的主题特色，围绕某一主题展开策划和组织，整合当地资源、产业等要素，树立品牌。通过品牌化经营模式，达到节庆低碳旅游可持续发展的目的。

3. 采用专业化、市场化经营模式

低碳节庆旅游产业对低碳旅游产业的发展具有非常重要的促进作用。低碳节庆旅游活动、产业又是一项包括诸多环节与因素在内的系列性、综合性活动，如节庆筹备、策划、宣传促销、集资、包装、广告、会务、展览、场地布置、观礼台搭建、纪念品设计制作等。对此，应充分利用市场化经营运作机制与模式，由相关产业企业承担、设计，由专门部门和专业人士开发、经营，以争取更大的经济效益和社会效益。而且，低碳旅游节庆产业的发展最终必然走向市场。故此低碳节庆旅游活动与产业市场化运作是其发展的重要途径与依托，必须坚持市场经济的基本规律和原则，通过政府协调、指导，由企业自己搭台唱戏，不但讲求实效，不流于形式，而且可将低碳节庆旅游产业作为一个独立的旅游产品或品牌来经营，将旅游节庆与商贸活动结合起来，筹措更多资金，使得低碳节庆旅游活动的承办契约化，节庆活动规范化、市场化等。

4. 积极提高民众、游客的参与度、融入度

低碳节庆旅游作为一种新兴的旅游产品与旅游方式，能否招徕各地游客，提高民众的参与率、消费支出，往往是低碳节庆旅游活动举办、开发成功与否的首要因素与衡量标准，也是低碳旅游活动举办者首先考虑的问题。因此，在低碳节庆旅游产业的策划、开发中，必须走出“重视外地游客、忽视本地居民”的误区，重视节庆活动的群众性、大众性，应当积极提高游客、当地民众的参与度、融入度。第一，积极地让当地居民参与其中，如让居民建立家庭旅馆、制作传统手工艺品，去渲染、参与原汁原味的低碳文化氛围，或者参与节庆餐饮、旅游活动。

这样，不仅可通过低碳节庆活动增强当地居民参与度，也可提高民众对于节庆活动与文化的认同度。第二，积极提高游客的融入与参与度。节庆旅游发展的关键是游客的广泛参与，游客不能参与到低碳节庆活动之中，就会减弱游客的参与热情和旅游体验。因此，节庆旅游的开发必须充分考虑到游客的体验需求，打破将游客排在节庆活动之外的形式，让其也成为传统节庆的组成部分。第三，低碳节庆旅游活动应根植于当地文化与生活，加强对当地居民的吸引力，获得当地居民的广泛参与和支持，形成与民同乐的热闹气氛，并通过当地居民的情感表达、口碑营销来感染、吸引外来旅游者，形成居民与游客互动的良性发展态势，从而积极提高民众对低碳节庆旅游的广泛参与。

5. 低碳节庆旅游营销的国际化

随着世界经济全球化与一体化发展，中国低碳节庆旅游要走出全国、走向世界，必须采取多种营销方式，走营销国际化之路。首先，营销方式的国际化，即为了保证低碳节庆旅游的国际化发展之路，必须加强营销方式的国际化，通过各种渠道、方式，将国内节庆宣传到国外，从而吸引国外游客参与到国内节庆旅游之中。如采取政府与民间结合的营销模式，由政府牵头，打破地方行政界限，整合各种资源和产品，从时间、空间或主题上将节庆旅游营销系列化，开展集团式、合作式联合促销，扩大节庆旅游营销的国际化。第二，丰富营销内容，注重低碳节庆旅游品牌的宣传，即改变以往的旅游资源、线路招徕游客的误区，高度重视对节庆旅游整体形象和品牌的宣传促销，围绕旅游节庆主题，针对主要客源市场，重点宣传节庆旅游精品。第三，保证充裕的营销经费。

二、低碳会展旅游产业开发

会展旅游是会展业和旅游业相结合的产物，是随着会议展览和旅游的日益兴盛而产生的一种独具特色的旅游形式。同时，由于会展旅游多依附于大中城市，因而会展旅游也逐步成为城市产业发展中的一个有效组成部分。中国会展旅游起步于20世纪80年代。1985年，北京率先主办了若干个国际会展，发起了会展旅游，并成为中国会展旅游兴起的标志。90年代以后，北京加大了主办国际会议的数量，其会展旅游也进入亚洲前10名，成为中国会展旅游最发达的城市。21世纪以后，中国会展旅游进入快速发展阶段，北京、上海、广州、大连等大城市积极扶持会展业，加大投入，建设高档次的会展中心。尤其是北京亚运会、昆明世博会、上海财富论坛、上海世博会的成功举行，产生了巨大的会展旅游产业和社会经济效益。由此全国性的会展建设进入高潮，南京、青岛、武汉、成都、长春各大城市纷纷斥巨资建设会展中心，发展会展旅游产业。在中国全国上下都将会展旅游当作一个新兴开发的产业潮流中，加强低碳旅游的开发就具有了非同寻常的时代意义。

（一）低碳会展旅游产业开发必要性

1. 低碳会展旅游产业有值得开发的空间

目前，我国会展业已经发展为一项空间规模大，非常流行的产业。而且会展业对相关行业的带动效应十分明显。因此，会展业在我国经济社会发展中扮演着越来越重要的角色。但就我国当前会展业的整体发展而言，似乎出现一些误区。如大量城市盲目开办各种形式的展会，盲目建设一些大型场馆、设施，没有详细展会计划与可行性分析，使得很多场馆在会展休息期间处于闲置状态。这与我们所提倡的持续、绿色、低碳发展背道而驰。因此，会展旅游产业应在广阔发展空间的前提下，积极开发会展的后续产业。例如，可以通过会展低碳旅游产业的发展，利用闲置的场馆，尽量发挥会展展馆在闲置期间的功能，通过低碳会展理念的宣传，认识低碳会展产业发展的目标，培养低碳理念、素养，清晰会展旅游行业低碳化的发展要求与作用。

2. 会展产业、会展旅游产业的发展也凸显出“三高”的特征

在我国会展产业积极发展的同时，会展旅游产业也得到了积极的发展。但是由于会展旅游基本与会展业同时进行，也往往带有高耗能、高排放、高污染的特征。所以，在会展旅游产业的发展过程中，应当积极贯彻、践行低碳化发展理念，打造低碳化的旅游模式。这样，不仅可使会展产业、会展旅游产业实现自身的低碳化、可持续发展、绿色发展，也能够进一步带动一系列相关产业的低碳改革。

3. 会展产业、会展旅游产业的发展缺乏核心竞争力

时至今日，我国会展产业发展迅猛，已经成为城市经济发展中的一道亮丽风景。但是由于我国会展产业的发展缺少独特的精神内涵，我国会展业的发展缺乏一种强大的竞争力。国际展览局主席吴建民曾经说过：“文化、精神是展会的灵魂，谁做得会展文化，谁就能胜出。”《中国会展》杂志社执行社长倪玮也曾说：“只有拥有文化优势、创新优势，才能真正拥有竞争优势、效益优势和发展优势。”这说明精神、观念、文化是展会的核心竞争力，展会能够长久发展无一不是文化核心竞争力的传承与体现。但由于当前我国会展产业、会展旅游缺乏文化因素，故而其核心竞争力难以为继。故此要提升我国会展产业与会展旅游产业的品质，必须贯穿一个具有核心竞争力的要素，这就是低碳发展的理念与模式。

4. 旅行社具有发展低碳会展旅游的优势

旅行社是将酒店、餐饮、交通部门等旅游企业串联起来的链条。长期以来，我国的旅行社作为信息沟通的桥梁，同交通、饭店、餐饮、景区等相关部门保持着密切的合作关系。如果将旅行社的这些优势引入会展业中，将会大大降低会展业的运营成本，减少许多不必要的中间环节，从而使会展与旅游达到互动和双赢。

况且，伴随着旅游业的发展，我国旅行社已经涌现出大量服务质量一流、具备一定规模且实力雄厚的旅游集团。这些旅游集团拥有操作大型团队旅游活动的丰富经验，完全有能力承担起会议、展览的招徕、接待业务。在这样一种状况下，积极贯彻、实施低碳发展理念，打造低碳化的会展旅游模式，将不但开辟新的发展领域，也可积极发挥旅行社的优势。

(二)低碳会展旅游产业开发原则

1. 利用低碳技术开发会展产品和旅游商品

在低碳会展旅游产品的开发过程中，会展主办方、旅游业的开发方可将低碳理念充分用于会展旅游过程中，积极做好低碳旅游理念的宣传，充分利用低碳技术促进会展产业的创新。如在展馆施工、展台搭建过程中，采用低碳材料和低碳技术(铝合金材料，可折叠、拆卸材料等)，在场馆照明、供电、水资源利用、垃圾分类回收等方面可以利用新技术。同时在其他方面也积极节省能源消耗、降低碳排放率。同时可积极开发低碳旅游纪念品、商品，加深低碳会展旅游产业的产业链长度、深度。

2. 积极打造专项低碳会展旅游产品

会展产业与旅游产品的开发，必须考虑、关注到会展的专业性、地方性、资源性、特色性。因此，低碳会展旅游产品的开发，也可根据专业性、地方性、资源特征，延伸会展产业链条，进一步开发具有低碳特征的旅游产品。如在会展期间，旅行社可提供与会展主题相关或相近的低碳专项旅游产品。同时，可积极根据会展城市的特点，开发低碳都市文化、历史旅游产品，以及低碳都市商业旅游等产品，如半日游、一日游和二日游等。充分运用低碳旅游工具、旅馆、餐饮。另外，也可积极开发低碳休闲度假旅游产品。由于会展活动可能使与会者产生疲惫，有的与会者可能就希望在会后得到放松，所以旅行社也可以向会展旅游者推出一些泡温泉、打高尔夫球、海滨浴等休闲度假式的旅游产品，使与会者在会展活动之后得到放松和消遣。

3. 提升会展产业的低碳品位

低碳会展产业与旅游的发展，除了会展衍生产业，尤其是会展旅游产业的低碳发展之外，低碳会展产业的发展，归根结底还取决于会展本身的低碳理念与发展模式，即会展主题、内容，展会举办形式与模式，都需要低碳化的发展逻辑与模式。因此，低碳会展需要进一步提高会展各方的低碳理念。作为会展主办方，要合理定位会展的低碳发展导向，主题应以科技、文化为基点；作为参展商，要突出会展的低碳布置、凸显参展企业的低碳参会理念与提供低碳产品；服务人员也需要具有低碳理念，能够在会展各方面做出低碳化的服务。

4. 延伸低碳会展旅游产业的产业链条

会展旅游产业链是指以会展业、旅游业及相关行业为主体的相关企业，在为会展参与者提供服务过程中形成的、具有价值增值功能的相互依托企业与产业的战略关系链条。会展业是会展旅游业的依托，会展旅游活动是会展旅游产业链的核心，通过会展业与旅游业的结合获得各自的最大利益。这一产业链上的每一个节点之间都具有关联性，每个节点的行为都会影响链条上其他企业的决策。由此，发展低碳会展旅游产业，必须延伸产业链条，为游客提供完整的旅游服务。首先，积极打造低碳会展旅游吸引物，如低碳会展、低碳景点。其次，旅游活动涉及食、住、行、游、购、娱等方面，提供低碳住宿、交通、酒吧、餐馆、纪念品、手工艺品、食品生产、垃圾处理系统，从而实现游客从客源地到目的地的完整的低碳旅游活动。再次，积极宣传低碳旅游观念，使得旅游者在认识、经验、技术条件等方面具备低碳旅游的基础。最后，低碳会展旅游活动中从事旅游交易的中介、旅游批发商与零售商，建立低碳旅游的观念与运营模式。

（三）低碳会展旅游产业经营创新

1. 积极倡导低碳会展旅游消费方式

低碳理念无疑是绿色环保理念的升华。倡导低碳会展旅游，必须加强宣传、引导和教育，让会展的主办者、参与者、旅游者都能够为会展旅游的低碳化做出贡献。这就为会展旅游地提出了更高的要求：一方面要让游客、参与者满意，另一方面又要实现低碳的目的。为了达到这一效果，提倡按照人数合理订餐，宾馆住宿尽量减少床单被罩的更换，节约用水，采用公共交通工具、自行车、步行等交通方式出行等。而作为主办方，也可以提供环保能源动力车，让参与者、游客在体验的同时得到教育。这样一来，不仅能够降低会展旅游主办方的资源消耗，也能够树立良好的社会形象，获得良好的经济效益、社会效益和环境效益，体现了和谐发展的最佳发展模式。

2. 打造低碳会展旅游产品品牌

打造具有地方特色的旅游品牌是低碳会展旅游发展的重要途径。低碳会展旅游与产业发展须深入发掘地方独特资源，积极打造独具特色的会展，并打造低碳会展旅游产品品牌。如地方文化、资源会展产业及低碳旅游产业。通过会展业、旅行社之间的积极配合，培育名牌会展、会展旅游产品，以提高低碳会展旅游产品的竞争优势。如几个旅行社可以长期承办一两个会展的旅游活动，并把它培育成有国内甚至国际影响力的旅游品牌。这样才可以不断做大、做好市场，获得国内国际旅游界的认可。或者旅行社之间跨地区、跨部门合作，提高竞争优势。

3. 形成低碳会展旅游产业长效发展模式

会展旅游业一般有三种模式：第一种是在会展当地的相关产业基础上形成的关联性旅游产业；第二种是以会展场馆、设施为基础而产生的旅游产业模式；第三种是从管理、组织、营销等方面入手考虑、开发的会展旅游产业。因此，低碳会展旅游行业的发展可以这三种模式为主，融入新的低碳发展理念，最终形成低碳发展的长效模式。首先，应由政府、会展主办方大力提倡相关企业低碳化经营。这不仅关系到会展旅游的整体发展，更关系到旅游地的经济效应和社会效应。其次，在空间模式发展中，要科学规划，合理选择会展场馆的地址、布局和规模，尽量做到资源的合理利用。同时，从管理、营销、组织等方面开展低碳模式，可以使会展旅游产业能够以长效低碳模式发展。

4. 积极制定会展低碳发展的政策机制，做好低碳会展旅游的招徕和接待工作

低碳会展旅游产业的发展离不开政策支持。尤其是在低碳化发展模式成为重要课题的今天，政府应该积极领会低碳发展的内涵，制定相关政策，引导相关行业、部门发展低碳产业，这样才能促进低碳会展旅游业健康发展。因此，我们必须在低碳会展旅游产业的发展中积极采用可再生能源技术、节能减排技术，以及碳汇机制，以促进低碳会展旅游产业的发展。而且，在会展旅游发展过程中，要有一个良好的传播体系，形成有效的传播机制，积极促进低碳会展文化、低碳会展旅游的宣传、传播。一方面，建立会展公共服务资源和网络信息系统，形成一个良好的低碳舆论环境；另一方面，在会展中举办论坛、讲座，大力宣传低碳旅游理念，有效地宣传低碳旅游理念与模式。同时，由于低碳会展旅游是以会议、展览为主要吸引物而产生、形成的旅游活动，并能满足旅游者人际交流、文化与精神需求的一种综合性旅游产品，因此在低碳旅游产业的发展中，必须依据会议与展览的性质、内容，积极利用低碳餐饮、住、行、游、购、娱等六方面的低碳设施，应用低碳发展模式指导会展旅游的开发、承揽、组织和接待工作，从而不断提高组织开发低碳旅游产品的专业化水平、实力。

三、低碳文化旅游产业开发

(一)低碳文化旅游产业开发意义

文化旅游，本质上是以一个地区特有的文化——生活习惯、文化艺术、礼仪习俗等文化特质——及其内在吸引力和感召力为旅游吸引物，使游客产生心理共鸣和互动的休闲、娱乐、旅游活动。通过参与、融入、体验、感受旅游地的独特文化、历史及其内涵，能够在旅游过程中得到非同一般的文化感受，激发审美情趣，感受心灵与文化之间的互动，得到文化、思想的洗礼。这是文化旅游的主要功能。而且，这种功能基于旅游地文化的独特感召力与吸引力，一个旅游地越具有自己的鲜明文化特色，与其他地方的差异性越大，就越具有这种强大的生命力。但就我国民众来说，虽然每个周末都有两天休息日，且还有国家规定的诸多法定假日，但在这期间，民众真正的文化旅游却很少，难以填补民众的精神生活空白，也不能享受其他文化的感召力与吸引力。而且即使有一些民众在节假日期间外出旅游，但由于缺乏对其他文化的了解，在旅游中往往出现一些文化方面的问题。如文化冲突与排斥现象，即在旅游过程中，在接触其他文化的过程中，难以欣赏其他的文化，并产生排斥心理反应。因此，我们不但要积极倡导文化旅游，更应该在文化旅游产品的开发中积极坚持低碳理念、构建低碳文化旅游模式。

除此之外，低碳旅游可以进一步保护文化旅游的发展。低碳文化旅游的出现为旅游者提供一个舒适、文明的旅游环境，让游客在旅游的过程中，自觉改掉自身的不文明行为。从本质上说，低碳旅游让文化旅游更加具有文化的气息，使文化活动更加完善，使旅游地更容易实现可持续发展，同时也更能满足人们对文化旅游中文化熏陶的需要。而且，文化旅游可以为低碳旅游提供资源。因此，在推动低碳旅游的发展上面，文化旅游有着独特的优势：一是参与人员广泛，能够很好地传播低碳的理念；二是参与的行业多，关联的产业多，能够在很大的社会范围内推动低碳理念的发展；三是文化旅游的产品大多具有丰富的文化传统，且接近自然，未被破坏；四是低碳旅游和文化旅游的发展能够极大地促进旅游经济的发展。

(二)低碳文化旅游产业开发原则

1. 发掘地方文化资源，开发独特的低碳文化旅游产品

当前，低碳文化旅游产品的开发与经营也得到人们的重视。但是探究各种文化旅游产业与产品的开发，我们发现文化旅游产品的开发形式多被模仿、抄袭。因此，低碳文化旅游产品的打造，应当重视不同地域的文化资源、价值，合理挖掘当地文化的特色内涵，并打造独具特色的文化旅游产品，这样才能够树立独特的文化旅游项目与产品。每个地方的文化都有其独特的内涵，积极挖掘不同地方的文化内涵，以其为基础开发低碳文化旅游产品，文化旅游才能做大做强，从而拉动地区旅游业的发展。同时，在这个过程中，彰显地方特色尤为重要。因为独特的地方文化是文化旅游吸引游客的法宝，人们参加文化旅游活动，就是要寻找一种独特的文化体验。另外，实践也证明：文化旅游的地方文化色彩越浓厚、个性特征越鲜明，就越具有吸引力和生命力，就越具有参与性。

2. 打造低碳文化旅游品牌基地

低碳旅游在满足人们对于美的欣赏、追求的同时，意在保护生态环境，维护

旅游地文化。所以低碳文化旅游追求的是一种和谐的环境、经济、社会效益。在低碳文化旅游开发的过程中，一定要改变我国传统旅游业开发中存在的问题(如重开发、轻保护，急功近利，粗放式发展，等等)，要将精力放在低碳文化旅游景区、景点等的打造上。低碳旅游地包括低碳旅游区、低碳旅游城市、低碳旅游景点等。在低碳旅游地的开发建设过程中，一定要注意以下几个方面：一是加强对当地自然资源，如森林、湿地等的保护；二是在基础设施的建设过程中，要优先考虑其低碳效应；三是旅游产品的开发一定要注重对当地传统文化、民族文化的保护和传承。谁能在建设低碳旅游地的路上走得更快，步子更踏实，谁就能在全球的文化旅游市场中占据一席之地。

3. 弘扬低碳旅游的理念，推行低碳文化旅游技术

在旅游活动中，旅游者是旅游活动的主体，其对低碳文化旅游的认识和行为方式是低碳文化旅游得以实现的基础。因此，政府和相关管理部门应该通过各种途径，积极加强低碳旅游的宣传，引导游客理解低碳文化旅游的内涵，改变以往铺张浪费的旅游习惯，将低碳旅游理念放在心头、付诸实践。长此以往，在普及低碳知识、将低碳文化变为社会主流文化的过程中，游客才能增强对低碳理念与模式的认同感，低碳旅游、生态文明建设的理念才会深入人心，游客才会做低碳环保的新文明人，积极、自愿地选择与低碳理念相适应的旅游方式。如人人都选择公共交通工具、低能源消耗交通工具，选择绿色食品、生态食品，拒绝一次性餐具。政府也要制定相应的政策法规，对于积极推行节能减排技术的企业单位，可以给予适当的优惠政策；而对于其他没有良好的思想觉悟的企业、单位可以给予相应的惩罚措施。在推进节能减排的过程中，旅游住宿、旅游交通以及旅游活动是必须引起重视的三个环节。住宿上，可以创建生态饭店，采用环保节能的建筑材料，积极采用新技术；旅游交通方面，可以提高航空业的运行效率，积极推进环保能源的发展；旅游活动方面，可积极选择低碳旅游方式，倡导绿色食品、生态食品，拒绝一次性餐具，尽量减少旅游者在旅游活动中的碳排放量。

4. 提高文化旅游的公众参与性

低碳文化旅游活动、产品的开发是一个面向所有人的、开放的场所，人们在低碳文化旅游中均享有平等的参与性。综观国内外文化旅游案例，成功的文化旅游都离不开群众的广泛参与。因此，对于中国独特文化旅游产品的开发，应积极引导人们从静态观赏转变为自主参与，使得人们可以自由参加文化旅游的各项活动，根据自己的兴趣或想法，自由地表达自我，充分发挥想象力和创造力，体验文化旅游参与感、融入感，体验文化旅游的真谛。

第六章　低碳旅游服务产业开发

旅游服务业是指在旅游过程中围绕旅游六要素——食、宿、行、游、娱、购——而展开的为游客提供服务的行业，主要包括宾馆、餐饮、交通、商业等。作为旅游活动的基础与重要环节，在低碳旅游产业发展过程中，旅游服务业同样需要低碳化开发与经营。这是旅游低碳发展理念、旅游产业低碳发展模式的重要体现。

第一节　低碳宾馆业与餐饮业开发

一、宾馆业与餐饮业发展历程

(一)世界宾馆与餐饮业发展

旅游宾馆、餐饮业的出现是经济、社会、文化发展的结果，并经历了客栈、大饭店、商业饭店、新型饭店、现代宾馆等形式。其中，客栈是早期商品贸易、商队出现及其对住宿、餐饮服务需求的结果，也是宾馆业与餐饮业的雏形。最早的客栈服务设施大约出现在古罗马时期，是当时货币形成与商业活动繁荣、商队流动频繁的结果。此外，古埃及、古巴比伦、古希腊等地域史上也有关于客栈业发展的相关记载。

18 世纪以后，美国的饭店逐渐成为世界上最好的饭店，并将世界宾馆与餐饮服务业发展带进了大饭店时期。1829 年，波士顿特里蒙特饭店(Tremont)落成，首次向客人提供肥皂，并因此而闻名，被称为第一座现代化饭店，成为现代饭店业发展的里程碑。20 世纪初，美国、欧洲又出现了为社会上层(王室、贵族、政府官员、资本家)提供奢侈生活服务的豪华酒店，如法国“巴黎大饭店”、美国“纽约广场饭店”等。这些饭店建筑规模宏大、设备豪华、家具高档、食物精美、服务周到、价格昂贵。20 世纪初，美国人斯塔特勒提出“提供民众能付得起费用的世界第一流的饭店”的经营理念，在布法罗建立为旅游者设计的斯塔特勒饭店，第一次在每套客房设置浴室，为游客提供舒适、方便、清洁、安全的服务。而且他按统一标准管理饭店，在其他城市发展连锁店，提供相同标准的服务，达到低成本、高效益的经济效果。该饭店标志着旅游饭店业进入一个新的历史发展时期。

20世纪50年代以后，世界经济迅速发展，国际商业贸易、旅游蓬勃发展，尤其是新技术广泛运用，汽车、火车、喷气式客机逐渐普及。这不仅促进了人们世界范围内的频繁流动，也促进了酒店业、饭店业的进一步发展，致使新型饭店不断出现，宾馆服务业发展到了连锁经营阶段。这一时期，几十甚至上百家饭店使用同一名称，饭店设施设备、经营管理、服务水平等方面都使用相同标准。如美国的希尔顿(Hilton Corp)、喜来登(Sheraton Corp)和假日酒店(Holiday Inns)等饭店业集团，在全世界拥有诸多连锁店，拥有客房总数都在一万间以上。而且，这些新型饭店的接待对象更加大众化(有商务旅行者，也有观光客)，提供的服务与设备更加多功能化，很多饭店的客房都配备上网电视、多语言语音信箱、宽带网络系统、国际卫星电视、客用保险柜和迷你吧及管道纯净水系统(饮、用水分离)，等等。此外，饭店还设有恒温游泳池、矿泉水浴、海水浴、全VIP套房、茶座、咖啡厅、酒水吧、健身房等设施，还有大型宴会厅，配有多语种同声传译系统的演播厅及不同规格的多功能会议厅，适合各类会议及宴会。

(二)我国宾馆与餐饮业发展

在我国饭店发展史上，殷商时代的驿站是最早提供住宿、餐饮的设施，也是世界上最早出现的旅店形式之一。周朝时期的旅店已比较普遍，有接待贵族和官员的“侯馆”，规模较大，也有接待普通旅客的“逆旅”，规模较小。唐代经济和贸易比较发达，饭店业发展取得长足进步，在长安和其他城市出现了不同等级和性质的饭店，如专门接待外宾的“四方馆”，在后来的朝代中出现了类似的“回夷馆”“会民馆”等。鸦片战争后，大量外商涌入，我国饭店业、餐饮业进入迅速发展阶段，各种大饭店、大酒店出现在通商口岸城市和北京。1927年以后，随着经济和交通发展，许多大城市和旅游胜地兴建了一批招待所。至1949年，国内饭店共有三种：一是外商建立的饭店，二是民族资本家建立的饭店和旅社，三是中国旅行社在各主要城市建立的饭店和旅社。改革开放以后，我国旅游业进入一个前所未有的蓬勃发展时期，旅游饭店业也进入一个新的发展阶段，多数饭店开始企业化经营，饭店设施与设备不断更新、增加，服务质量与管理水平有显著改进，职工素质也得到提高，实现了较好的经济效益。此外，通过外资独资、合资的形式兴建了一批规模宏大、设备先进的四星级、五星级饭店，并实行了现代化科学管理，培养了一批管理人才。如北京长城饭店(Great Wall Hotel)、广州白天鹅宾馆(White Swan Hotel)、广州花园酒店(The Garden Hotel)等。到2007年年底，中国本土星级酒店达到14 326家，包括白金五星级4家、五星级361家、四星级1

631家、三星级5 534家、二星级6 158家，是1978年全国饭店总数的100倍。星级饭店直接从业人员超过160万人，实现利润33亿元人民币。此外，41家国际饭店管理集团、67个饭店品牌进入中国市场，管理516家饭店，世界排名前10位的国际饭店管理集团进入中国市场。截至2016年年底，全国共有星级酒店1.5万家，其中四星级酒店2 500多家，五星级酒店700家，客房总数150多万间，固定资产原值5 200亿元，营业总收入2 500多亿元，从业人员总数达150多万人。2016年中国酒店行业营业总收入逾2 000亿元。

二、当前我国旅游宾馆、餐饮业发展状况

(一)当前旅游宾馆餐饮业发展趋势

改革开放程度的逐渐扩大，经济社会发展速度的加快与收入水平的渐次提高，致使人们的文化精神需求日益提升。于是，外出旅游就成为国人闲暇之余最为理想的选择。这不仅促进了国内旅游产业的快速发展，也促进了旅游宾馆与餐饮行业的迅速发展。据统计，2009年全国餐饮业营业额同比增幅20%。具体而言，当前中国旅游宾馆与餐饮业的发展呈现以下几个特征与趋势。

1. 宾馆与餐饮机构越来越多，服务档次越来越高

改革开放初期，国民经济收入较少，对旅游宾馆、餐饮服务水平的要求也相对较低。后来，随着收入水平的快速提高，人们对旅游住宿、餐饮服务水平的要求也逐渐提高。因此，旅游餐饮与住宿需求产生的巨大利润及其吸引力使诸多宾馆、餐饮机构参与其中，竞相追逐巨大需求产生的利益。这不仅大大加快了我国旅游宾馆与餐饮业基础设施建设的步伐，也快速提升了旅游宾馆业、餐饮业的服务水平与档次。更由于诸多游客的豪华性、奢侈型消费需求快速增加，旅游宾馆、餐饮业发展逐渐呈现豪华性、奢侈性发展的趋势。以2011年来讲，我国五星级豪华酒店的数量达到694家。

2. 宾馆、餐饮业的效益微利化

随着我国旅游业的快速发展，旅游宾馆业、餐饮业迅猛发展，基础设施建设突飞猛进，诸多旅游宾馆、餐饮机构进入，竞争日趋激烈。结果是宾馆、餐饮业市场的供求关系日趋平衡，宾馆、餐饮业逐渐步入微利时代，以往那种利润空间较大的时代已经一去不复返。

3. 宾馆与餐饮业管理结构逐步扁平化、人本化

在行业竞争日趋激烈的前提下，为了提高管理效率、减少支出、保证行业与企业的利润空间，宾馆与餐饮服务机构积极开始着手改革管理机制与结构，一改宾馆与饭店传统的组织体系，减少宾馆与饭店企业的组织结构数量，加宽管理的

幅度。一是适当减少了企业的支出，二是扩大了一线员工的权限，有利于在岗人员积极性的发挥，三是提高了管理信息的准确性，提高了管理的效率。四是宾馆、饭店连锁化、集团化，即一个宾馆、餐饮服务企业为了提高管理效率、减少成本、提高利润，在本国或世界各地直接或间接控制多个饭店，以相同的店名和店标、统一的经营秩序、同样的服务标准和管理风格与水准进行联合经营。如当前国内的宾馆服务业在全国形成多个系列的连锁酒店，如如家宾馆、7 天连锁、锦江之星等。

(二)当前宾馆、餐饮业经营中存在的问题

1. 宾馆餐饮业的国际化程度不高

随着对外开放程度的提高，国外游客大批进入国内，涉外宾馆与餐饮服务行业得到快速发展。但是纵观国内大部分涉外宾馆与餐饮服务机构，或者整体宾馆与餐饮服务行业，我们都可发现这样一个问题，即涉外宾馆与餐饮业的整体管理与服务的国际化程度不高，既存在服务与管理理念方面的问题，也存在服务能力与水平方面的问题。如有的酒店服务人员不具备应有的语言能力，无法和外宾交流，影响服务的质量。再如，有些酒店对于外宾管理的理念与服务的内容准备不足，不能提供该有的服务，等等。由于这些问题的存在，有些酒店虽然基础设施与硬件建设已经达到较高水准，但很难实现真正意义上的国际化。

2. 硬件与软件不能配套，服务水平有待提高

就目前我国宾馆与餐饮服务业的经营而言，大部分高星级宾馆与饭店的基础设施、硬件建设已不低于国际同档次饭店，甚至在硬件建设方面高于国家星级饭店。但就宾馆与餐饮业的整体服务水平与规格而言，大多数星级酒店的服务不能达到和其星级标准相匹配的服务水平，有的甚至处于粗放式管理与服务的状态。和硬件与基础设施建设相比较，诸多宾馆与餐饮业服务队伍的软件实力都难以满足星级服务的标准，不能与其星级标准相配套。从本质上来说，宾馆与餐饮的服务水平决定着宾馆、餐饮行业的发展，影响着宾馆与餐饮业的做大做强。因此，提高星级宾馆、酒店、餐饮服务业的服务水平、标准是当前我国宾馆餐饮业发展中的一个最大的问题。

3. 宾馆与餐饮专业人才短缺，人员素质有待提高

宾馆与餐饮服务行业的管理、服务均需要大批高层次、高素质、多元化的人才。然而由于我国宾馆与餐饮业的发展起步较晚，且由于国人受传统就业与社会分工思想的影响，看低宾馆、餐饮服务行业，或者没把宾馆与餐饮作为正式的工作与行业来对待，所以高素质人才难以到宾馆、餐饮服务行业就业。同时，也由于国内高等院校较少设置酒店与服务管理专业，所以酒店与服务专业的大学毕业

生数量供应远远不及国内宾馆与餐饮的人才需求。再加上宾馆餐饮业管理服务人员的职业教育与培训速度不快，跟不上行业迅速发展的需要，使得宾馆与餐饮服务人员能力、素质远不如其他行业，学历与素质相对较低，对先进科技与设施的掌握能力不足，服务理念较差，这大大降低了宾馆与餐饮的整体服务水平。如国内诸多宾馆的员工主要以没有受过专门培训的年轻人为主，既没有主动服务的理念，也没有多元化服务的能力。同时由于国内部分宾馆、餐饮业就业地点位处偏僻地区，对于高级、优秀的宾馆与餐饮管理与服务人才的吸引力不高，更加剧了上述问题与现象的严重性。

(三)当前旅游宾馆、餐饮业碳排放状况

随着经济快速发展、人们经济收入水平快速提高，人们出外旅游的频率逐步提高，旅游宾馆与餐饮业的耗能量、碳排放量也逐渐增加。随着旅游活动中舒适性、高端消费、奢侈性消费现象的逐渐增加，旅游宾馆、餐饮业逐渐成为主要耗能产业和城市碳排放的主要源头。如一座中等规模的三星级饭店，一年大约要消耗 14 000 吨煤，向空中排放 4 200 吨二氧化碳、70 吨烟尘和 28 吨二氧化硫。据世界旅游组织最新研究，2005 年，旅游业对全球温室气候排放负有 5%的责任，其中，旅游宾馆业的二氧化碳排放总量为 284 Mt，预计到 2035 年，旅游宾馆业二氧化碳排放量将达到 728 Mt，将成为旅游业节能减排的重点(包括交通、宾馆餐饮、相关旅游活动)。据统计，2009 年全国餐饮业营业额同比增幅 20%。但与此同时，旅游餐饮业也出现了高耗能、高碳排放、高污染的问题。据国家环境保护组织统计，餐饮业对全球碳排放的贡献为 1%，成为大气环境、生态环境破坏的元凶之一。世界环境观察研究所(WWI)最新研究报告指出：1 kg 肉类生产时排放二氧化碳 36.4 kg。牲畜和它们的副产品排放的温室气体占世界总排放的 51%。世界上排放的甲烷 37%来自牲畜，甲烷的温室效应是二氧化碳的 23 倍。因此，在低碳发展理念与低碳旅游模式下，旅游餐饮行业也将面临低碳方面的全新改革。而且，餐饮业的低碳发展不但有利于节省大量资源，同时也可以让大家吃得更放心、更安全。所以，旅游餐饮业应当做好低碳餐饮改革。

三、旅游宾馆业的低碳经营

基于以上认识，旅游宾馆业应在低碳发展理念指导下，以低碳、低能耗、低污染的绿色发展理念为基础，为旅游者营造一个清洁、环保、绿色、低碳的旅游宾馆，进而处理好旅游宾馆与生态环境、游客之间的关系，给广大游客提供优质绿色的住宿与餐饮服务。主要做法则是在借鉴国内外先进经验的前提下，充分实现旅游宾馆硬件的低碳化，实现管理、运营、服务的低碳化。

(一)旅游宾馆设计与硬件建设的低碳化

从全球资源与能源消耗、碳排放情况来看，有近50%的资源被使用在建筑业方面，近60%的木材安装在建筑领域，且建筑物的碳排放达到全球碳排放总量的40%。就以中国为例，每年新开工建筑面积很大，但80%到90%不能达到国际节能标准。如单位建筑面积采暖能耗为发达国家的3倍，建筑能耗标准是欧洲现行标准(25 W)的3倍。而且据建设部统计，2008年建筑业能耗为全国的28%，主要消耗在窗户(40%)、玻璃窗(40%～50%)、屋顶(10%)。因此，为了降低旅游宾馆业的能源消耗与碳排放量，必须运用低碳技术，加强旅游宾馆设计的低碳化，建设低碳酒店。①建筑材料应尽量选择具有保温、隔声、节能、低碳、防水、隔热功能的新型材料；②宾馆功能和房间布局应充分利用自然采光；③鼓励用新能源，如太阳能、风能和生物能；④构筑低能耗、低碳排、低污染照明体系，降低能源功耗；⑤采用低碳供水系统，选择节水用具和设备，如变频恒压供水设备，公共场所采用感应式自控温度水龙头，以及中水处理设备、锅炉回水循环利用等技术和设备；⑥降低温室气体的排放，应用低碳制冷系统。从《低碳世界》杂志2011年度低碳酒店的评选结果来看，获奖的杭州黄龙饭店、千岛湖洲际度假酒店、重庆申基索菲特大酒店等10家酒店都基本坚持了上述发展理念。其中，杭州黄龙饭店采用高科技，打造成全球第一家拥有全方位高科技智能体系的智慧型商务会议酒店，汇集六大系统的环保设计，低碳环保与低调奢华完美结合。坐落于千岛湖景区的洲际度假酒店将极具环保主义理念的规划、设计、装修、用材完美融合应用，原材料主要是岩石和木材，却将“中西合璧”演绎得巧夺天工，而且酒店屋顶平台创新设计为天然有机蔬菜种植园。重庆申基索菲特大酒店在经营中重视节约资源，提高资源利用率。通过酒店管理层对所选工程节能项目的认真考察、论证及投资改造，酒店在能源方面直接节约40万元人民币。而能耗比从2009年均能耗10.51%降至2010年均能耗8.68%，2011年1月能耗比是8%。在满足使用功能的情况下，节能降耗带给了酒店运营成本降低和客户满意度上升的双重惊喜。上海浦东盛高假日酒店作为新开业酒店，在酒店建筑设计和材料、节能工程、资源循环利用、新的节能项目投入(空调冷却水再次利用、锅炉烟道的余热回收、灯具的改造等)方面都具有较好的示范效应。

(二)制定旅游宾馆低碳管理制度

为了保证低碳旅游宾馆的建设与发展，应当制定关于旅游宾馆低碳管理的标准与制度体系。第一，结合宾馆服务的基本流程、环节、内容和低碳化发展理念，制定体系化的宾馆管理内容、要求。第二，根据低碳宾馆管理的基本内容与要求及环境、能力、设施及队伍实际情况，确定低碳宾馆质量管理标准。第三，确定低碳宾馆质量管理监督体系，制定质量监督方法、内容、评价指标，实现质量管理的标准化、数量化与客观化。

（三）降低宾馆运行中的能源消耗与碳排放量

1. 建立能耗使用分析报告、节能降耗业绩报告

旅游宾馆在运行中要大量使用燃煤、燃油锅炉，不仅消耗大量资源，同时排放大量污染物，如烟尘、二氧化硫、氮氢化合物和二氧化碳等。以一座中等规模的三星级饭店计算，一年要消耗约 1 400 吨煤的能量，以一座大型饭店计算，全年消耗 13 万～18 万吨标准煤。因此为了降低能源消耗、碳排放量，应当全面做出能耗使用情况分析报告、节能降耗业绩报告，根据实际情况，运用动态管理手段，降低宾馆运行中的碳排放量。其措施则是运用低碳测试软件系统，利用现代 IT 技术开发测试绿色节能的网络系统，通过绿色节能软件系统直接输入数据，对比全球同类酒店情况，为各宾馆制定出一系列节能减排、节水降耗的适用措施。

2. 采用变频技术和智能化控制技术节约用电

当前旅游宾馆运行时每平方米面积的年度用电量达 100 度到 200 度，与普通城市居民住宅楼相比高出 10 多倍。因此可使用变频技术或变流量技术来控制电梯、空调机组、通风盘管、冷热水的调节，进行辅助冷水机组改造、照明整体改造，采用电分类计量表、补偿电容器、红外线感应器等节能设施。此外，采用低压节电模式，在客人登记入住之前，客房内保持着最低用电。当客人办理入住并打开客房门后，客房照明系统立即呈现欢迎模式，即少数照明灯点亮，当插入房间钥匙卡后，所有的照明设备点亮。当客人离开房间时，拔出房间钥匙卡，空调立即恢复插入房卡前保持的最低转速，其他照明设备均自动关闭。

3. 节约用水，减少能源消耗

一家三星级以上的宾馆平均每个客人每天耗水 1 吨左右，而目前很多城市居民每人每月用水一般不会超过 5 吨。建立水计量系统，并对用水状况进行记录、分析；中央空调机设备添加自动变频器，调节低功率下的用水和用电的额度；客房采用小排量抽水马桶；使用节能灯，使用太阳能科技产品；采用热泵代替锅炉烧热水，从而避免锅炉产生的废气对周边环境造成污染；降低中央空调垃圾排放量，减少餐饮垃圾、一次性餐具垃圾、清扫垃圾等；减少噪声污染，主要是厨房烹饪所用炉具、抽油烟机、排气扇等所产生的噪声，以及室内制冷设备和室外空调机所产生的噪声，从而减少噪声污染和对人体的危害。

（四）积极提倡理性、低碳的消费理念与行为

低碳旅游餐饮的改革、发展更在于旅游者的餐饮理念、消费行为的转变。为了将低碳理念引入消费者的餐饮消费行为中，更应积极提倡理性、低碳的餐饮理

念，引导旅游者形成适度的餐饮消费行为与习惯。第一，引导顾客按人点餐，减少浪费，适可而止。第二，拒烹国家禁食的动植物、野味。理性、低碳、绿色餐饮也包括不出售野生动植物制作的食品。因而低碳旅游餐饮业必须引导旅游饭店、餐饮行业自觉地拒绝烹饪野生动植物，从而起到保护野生动植物、保护环境的作用。第三，拒用一次性餐具。环保餐厅还应拒绝使用木制一次性筷子，餐厅及外卖也不得使用难以降解的一次性餐具和一次性湿毛巾。这样可以减少垃圾的产生，减少垃圾对外境的破坏，等等。第四，运用绿色原材料、有机食品。低碳餐饮的实施必须使用低碳环保的原材料、绿色有机食品，杜绝餐桌污染，确保客人吃到安全、健康、营养的食物。

(五)提高员工低碳意识，打造专业化人才队伍

低碳餐饮理念、低碳服务意识是旅游餐饮业员工都应具备的意识，这也是提高旅游餐饮业低碳发展的重要因素。因此，旅游餐饮员工还应该具备低碳餐饮、服务的意识，以便给旅客提供低碳化的餐饮服务，使旅客逐渐接受、认可低碳旅游餐饮的理念与行为。同时，由于服务人员是低碳旅游餐饮发展的关键，应当积极培训、建立一支专业化的低碳旅游餐饮服务人员的队伍。首先，建立合理的考核与薪酬制度。薪酬待遇是人才体现其重要性的一大指标，要培养、挽留人才，应该建立合理的薪酬制度。尤其是对于低碳餐饮业而言，可将各项低碳餐饮的服务工作考虑到位，加入日常业绩考核制度之中，通过低碳服务类别与质量的考核，实现“质优者多得”的目标，进而提高游客对餐饮服务的满意度。其次，建立合理的任用制度。人才的价值主要体现在员工的事业与工作发展方面，即员工得到合适的岗位与职位提升。低碳餐饮业发展中，管理者为了让员工保持朝气蓬勃的工作态度，必须结合每个员工的实际工作能力与情况，分配符合其个性与能力的工作，让其在自己适合的工作岗位上建立信心；在合适的时候，将其提升、任用到能进一步发挥其能力的工作岗位，从而打造一支专业化的低碳餐饮服务队伍。

总之，旅游餐饮低碳发展不仅是当代旅游业可持续发展的要求，也是旅游餐饮业可持续发展的必然趋势。在旅游产业发展过程中，必须大力鼓励低碳餐饮业的发展，使旅游餐饮业真正成为绿色、可持续发展的产业。

第二节　低碳旅游交通开发

旅游交通是旅游活动与旅游产业发展的基础，与旅行社、旅游宾馆、旅游餐饮共同构成旅游产业的四大支柱。在旅游产业发展中，旅游交通业与旅游业相辅相成、相互促进、共同进步。改革开放以来，随着我国经济社会的发展、科学技术不断进步，旅游交通运输、基础设施建设也获得巨大发展，为旅游业蓬勃发展起到了重要的支撑和带动作用。但也由于我国旅游交通业的发展存在高耗能、高碳排放的问题，也在一定程度上影响、制约着我国旅游产业低碳发展的进程与步伐。因此，在旅游交通发展中积极采用低碳技术，运用新型燃料与交通工具，改善旅游交通与客运模式，将对我国旅游产业的低碳发展起到重要的保障与辅助作用。

一、旅游交通内涵

旅游交通是指旅游者凭借某种交通工具和道路交通系统，在旅游过程中实现从出发地到目的地的空间转移，及在目的地内的空间转移的方式、过程。旅游交通在一定程度上决定着一个国家或地区的旅游发展水平。第一，旅游交通的发展程度，决定着旅游景区的可进入性、旅游资源(人文与自然景观资源)的开发难度与深度，以及旅游景区的规划水平与开发档次。发达的旅游还可将旅游者送到更多的景点，增加旅游项目的深度，提高旅游的档次与水平。第二，旅游交通是游览项目之一。乘坐不同的交通工具，游客可从不同角度领略沿途风光，获得不同感官享受，还可在旅游过程中和其他成员交谈，了解沿途民族风情，增加旅游感受性、参与性、体验性。如骑马、泛舟、骑骆驼等交通方式，就是参与性很强、感受性很强的旅游活动。第三，旅游交通发展程度影响旅游活动的经济效益。如游客外出旅游，从客源地到目的地，需要花费一定的时间与费用。如果旅游交通发达，耗费时间与费用小，人们就愿意参加某个旅游项目。因此，旅游交通发展程度、耗费的时间与费用的多寡，会在一定程度上影响旅游活动本身的经济效益。第四，旅游交通是旅游的组成部分，是将旅游者从出发地转移到目的地的过程，本身会产生一定的旅游效益。据统计，我国旅游者的旅游开支中，有30%～40%是用于交通项目。第五，旅游交通是一项为游客提供空间转移的服务，需要劳动力与工具的参与，可创造一定的就业机会。因此，在旅游产业发展中，旅游交通是整个旅游活动的一个不可或缺的组成部分，是低碳旅游产业发展中一项不可忽视的内容。

二、当前主要旅游交通工具与方式

第二次世界大战以后，世界各国旅游交通取得了突飞猛进的发展成就，为世界旅游产业的发展起到了重要的支撑作用。就当前世界各国及我国旅游交通发展与方式选择而言，主要有汽车、飞机、火车、轮船等交通工具，并形成相互补充、辅助的旅游客运模式。

(一)汽车旅游交通

汽车是陆地上速度最快，最为灵活、便捷的交通工具。乘坐汽车不仅可随时停留，任意选择景区与深入景区内部，而且汽车交通的发展与铁路交通相比具有投资少、要求简单、工期短、见效快等特点，具有很强的竞争力。由此，“二战”后随着世界经济与汽车工业的迅速发展，以汽车为主要方式的旅游交通形式迅速发展起来，各旅行社也纷纷推出一系列汽车交通业务来迎合旅游市场的需求。如旅游汽车租赁业务、自驾游等。就我国当前旅游市场上的汽车交通而言，主要是旅游汽车公司的旅游汽车租赁业务和自驾游。其中，旅游汽车租赁业务伴随着我国旅游业的快速发展，取得了突出的发展业绩；同时自驾游也有了突破性的发展。据国家旅游局统计资料表明：2005 年国庆期间，在全体旅游人员中，自驾游出行的人员总数已占到 60%。且随着自驾游的盛行，自驾游旅游服务公司已形成，每逢周末、节假日，很多车友会、4S 店、旅行社、俱乐部等都争先恐后地组办自驾游。当然，对比国外自驾游业务的发展，国内自驾游还处于起步阶段。如汽车俱乐部规模较小，大多数汽车俱乐部还停留在给会员提供旅游线路，汽车保养、维修的初级服务上，利润空间有限。且自驾车组织机构和市场运作也不规范，没有专门针对自驾游的法律法规，导致游客和旅行社在责任和义务的划分上没有明确界线等。

(二)飞机旅游交通

飞机具有速度快、节省时间、舒适性与安全性强的优越性。因此，在旅游产业的发展中，尤其是国际旅游、洲际旅游、国内长途旅游业务中，飞机成为主要的交通方式与工具。就当前飞机旅游的业务来看，国内外的飞机旅游与航空旅游主要有两种：定期航班旅游、包机航班旅游。定期航班旅游是指在固定的国内或国际航线上按照既定的时间为游客、旅行社提供客运服务；包机航班旅游则是旅行社与航空公司通过包机方式，为游客提供旅游、出行的交通。相对而言，包机航班一般票价低廉，受到旅行社与中低档旅游者的欢迎。

(三)火车旅游交通

火车具有容量大、费用低、安全、速度较快、受气候影响小的特点，因此自火车客运成熟以来，其便成为国内外旅游业中使用量最大的旅游交通工具。1997 年以来，随着我国铁路基础的建设与列车速度的提高、班次的增加，尤其是动车、城际高铁、高速铁路的运行，火车旅游已成为我国旅游交通和游客的主要选择。在普通列车大大发展的同时，窄轨铁路与蒸汽小火车也成了我国旅游业发展中的一个独特的旅游资源与风景线。如云南昆河线米轨铁路及小火车，内蒙古赤峰、哈尔滨兴隆林区的森林蒸汽火车，都成为人们生态旅游中竞相参加的项目。在国外旅游业发展中，小火车也成为被广泛看好的旅游交通工具与项目。如澳大利亚普芬蒸汽火车风景游，途经17处景点，成为大洋洲旅游的亮丽景观。美国、马来西亚、荷兰的蒸汽火车游更是成为一道独特的怀旧旅游景观。

（四）轮船旅游交通

轮船一直是世界范围内的重要客运方式，也成为诸多国家旅游业发展中，尤其是内河旅游、游览的重要交通工具。欧洲多瑙河、巴西亚马孙河、英国泰晤士河，及我国长江等内河旅游业务中，轮船已成为游览与交通的不二选择。如我国长江三峡的豪华游轮设有中央空调、闭路电视、电话、音响、大堂、中餐厅、风味餐厅、美容美发室、麻将室、游戏机室、酒吧间、室内观景坪、室外观景平台，并提供国际卫星移动通信电话、国际邮电、外币兑换、信用卡服务、洗衣、小商品、艺术团表演、太极拳教练、学术文化和民俗风情讲座等，被称为"流动宾馆"。

三、旅游交通业的碳排放状况

近年来，世界经济社会与旅游业取得了引人注目的成就，旅游交通业也得到长足发展。但由于旅游交通要使用飞机、火车、汽车、轮船等传统交通工具，且以汽油、柴油等传统石化燃料为主要能源，故而旅游交通成为旅游产业中能耗最大、废气与尾气排放最多的环节，造成空气与噪声污染，破坏旅游景区生态环境，导致大气环境污染、气候变暖。如当前我国旅游交通中，客车运输每百吨千米耗油13.1 L，客船每千吨千米耗油5 L，飞机每吨千米耗油0.306 L，而且从世界旅游组织最新研究来看，2005年旅游业对全球温室气体排放负有5%的责任。其中，旅游交通二氧化碳排放总量为1 192 Mt，对全球碳排放总量、大气变暖的贡献值为3%。同时，世界旅游组织还认为，如果2035年以前旅游业碳排放量以年均2.5%的速度增长，到那时旅游交通的碳排放量将达到2 436 Mt，贡献率达到5%。为此，在低碳旅游产业发展模式的创新过程中，我们必须改革、改善当前交通工具的结构与旅游交通模式，积极发展低碳旅游交通业。而且，我国政府在低碳经济发展理念的指导下，为了顺应世界经济低碳发展模式的潮流，降低各行业的碳排放量，于2009年宣布加快建设以低碳为特征的工业、建筑和交通体系，预期到2020年国内单位生产总值二氧化碳排放比2005年下降40%～45%。

四、低碳旅游交通开发

低碳交通以减少化石能源、减少碳排放量为手段，以促进旅游产业低碳发展为目的，进而起到保护大气环境、遏制全球气候变暖、保护人类生存环境的作用。低碳交通业发展创新的核心在于提高交通工具的能源利用率，也在于优化交通工具，改善运输方式、结构与模式。因此，为了降低旅游交通行业的碳排放量，应在低碳发展理念引导下，积极优化能源利用率，改善能源与燃料结构(如电力、煤基液体燃料、生物液体燃料)，使用新型、低碳交通工具，并创新旅游交通结构与模式。进而达到节能减排，减少废气、尾气、碳排放量的目的。

(一)树立低碳交通的理念

与“低碳旅游”同时提出的还有“低碳旅行”，但“低碳旅行”更多地侧重于交通出行工具的低碳行为。国外研究侧重于旅游业与全球气候变化关系及其相互影响、旅游业碳排放的定量测算、低碳旅游应对策略等方面。皮特斯等认为国际航空和私家车是高碳旅游的主导因素。

(二)低碳旅游交通工具的优化与选择

低碳旅游交通业的发展在于能源利用率的提高，更在于低碳旅游交通工具的优化与选择。主要是根据不同类型的景区，选择、运用低能耗、低污染的新型旅游交通工具，并形成有效的低碳交通模式。如山岳型景区，选择以电力驱动的游客索道，沟谷型景区选择以电力或混合动力驱动的低碳观光巴士，而湖泊型景区选择以电力或柴油为动力的低碳型游船，进而形成多种类的低碳交通与运营模式。

1. 客运索道

客运索道是指利用电力驱动、钢丝绳牵引箱体等运载工具来运送乘客的简便快捷的现代化运输设施。且由于客运索道一般以电力为主要动力，故有着非常可观的低碳效果。因此，为了减少山岳型景区交通工具的碳排放量与尾气排放量，可以在山岳型景区内建几条高效的客运索道。客运索道不仅可以降低碳排放量，也会给山岳型景区带来了新的经营方式，使得许多以前不可进入的景区变成游览胜地，提高景区的经济效益。以黄山为例，在 154 km^2 的景区内，高度差达到 1 500 m，景区内部所有的路程约有 80 km，台阶达到 40 000 级，这样远的步行路程给游客游览带来了很多不便。于是，黄山景区积极建设了客运索道，不仅成功解决了游客登山难的问题，且由于索道碳排放少、环保效果好，带来了更好的经济与社会、生态效益。所以，使用客运索道是山岳型景区低碳化交通建设的最佳选择之一。

2. 低碳观光巴士

在沟谷型景区采用低碳观光巴士也是一个较佳的减少碳排放量、碳污染的途径。之所以选用低碳景区观光巴士，原因在于：第一，景区观光巴士一般都有固定循环路线，减少游客的往返路程，可使游客在最少时间内往返各个旅游景点，提高游玩、游览的效率。第二，观光巴士一般使用天然气或混合动力，不但尾气排放量较少，且比使用汽油、柴油等单纯燃料的交通工具更加低碳、环保，能切实起到降低景区碳排放量的作用。第三，景区内的观光巴士便于管理，能够提高运行的效率，且有一定的经济效益。如九寨沟风景区，于1999年成立绿色观光公司，拥有观光巴士200多辆，每辆额定载客人数约为50人，规定所有进入景区的游客都乘坐景区内环保观光车，不但实现了经济效益，且真正降低了景区内的碳排放量与减少尾气污染。

3. 低碳游船

湖泊型景区内可使用低碳游船以降低景区的碳排放量和减少污染。因为低碳游船有连接游客与旅游景点的功能，是湖泊景区中非常有特色的交通方式，同时也是一种湖泊型风景区特殊的旅游产品和最为吸引游客的项目之一。以千岛湖景区为例，其渤区面积为573 km^2，面积大，路程长，不便于游人游览。2003年以后，杭州市港航管理局和杭州市船舶检验处为千岛湖景区设计、建造了一系列游船，并陆续投入使用。对千岛湖景区的旅游业务发展起到了十分重要的作用。当然，低碳游船的设计必须考虑低碳化的要求，从游船的动力来源、空调机组、船舶航速、船体设计等方面都要考虑周全。

除了以上几种较为独特的低碳交通工具之外，还可根据不同景区的特征与景区内景点的布局，选择轨道交通、电动车、自行车等低碳交通工具及步行方式，在景区内形成相互衔接、补充的低碳交通模式，达到低碳目的。如在有些景区可以采用以自行车为主、其他交通为辅的交通模式，开辟专门的步行道、自行车车道。如山岳型景区可以建设登山步道，与客运索道相结合，方便观光，能够取得比较理想的低碳效果；沟谷型旅游景区可采用多种交通方式相结合的策略，如步行、自行车、电动巴士结合；空间较大的湖泊型景区可逐步推动柴油动力系统向混合动力旅游交通工具转变，同时，湖泊岸边可采用自行车、步行的旅游方式，以减少旅游景区的低碳压力。以九寨沟风景区为例，实行人车分流，不仅降低了汽车尾气的排放量，也保护了当地的旅游环境。

(三)城市低碳旅游交通模式的开发

城市(包括风景区周边城市)低碳旅游交通也是低碳旅游交通开发与经营重要的一环。为此，应当根据低碳交通理念，建立城市低碳旅游交通模式。

1. 推进公交网络与轨道交通网络

城市低碳旅游交通的发展，应当建立公交优先的政策，并建成发达、成熟的城市公交网络，且使其成为大多数城市发展低碳旅游交通的选择。此外，城市低碳旅游交通网络的建设还应在建立健全成熟的公交网络之外，合理地配套精简线路的轨道交通网络，如地铁、轻轨等，以方便市民、游客出行。因为轨道交通不仅运输量大、污染小，而且乘坐舒适、耗费时间较少。正是这一原因，越来越多的城市将其作为城市低碳旅游交通与网络建设的一个重要的选择。但值得注意的是，轨道交通建设初期需要大量投入、覆盖范围有限，所以必须与公交网络系统很好地配合。同时，在城市的不同区域，在骨干线路上开辟公交专用车道，采用大容量车辆，形成公交主干网，加快运营速度；在区域内部，实行轨道交通和公交线路的等级化，合理路权分配，主要采用普通支线公共交通。

2. 建设综合高效的交通换乘枢纽

较长换乘时间会大大削减市民采用低碳公共交通方式出行的热情，为了提高城市旅游的热情与效率，不但应该尽量减少私家车数量，减少汽车的碳排放量，还应该建立方便、快捷的公共交通网络，即合理规划交通枢纽、道路交通，建设综合型交通枢纽，实现地铁、轻轨与地面交通的高效结合，从而缩短乘客换乘时间，提高旅游活动的效率。此外，还应该在城市边缘设置大型停车场，引导游客在城市旅游中换乘城市公共交通，以减少城市旅游中私家车的碳排放量。

3. 积极鼓励步行、自行车出行

为了降低旅游过程中的碳排放量，还应该积极鼓励旅游者以健康、环保的步行方式出行，或者鼓励骑自行车出行。这也需要在城市道路体系中建设自行车专用道路，以提供舒适、安全的骑行环境。同时在合理地点建立自行车停车场和自行车租赁处。当然，低碳旅游交通的建设是一个长期过程，需要政府建立健全相关政策法规，正确引导，同时需要全体游客、市民的配合。

(四)低碳旅游交通模式的经营

1. 交通工具的低碳化改造

低碳旅游交通工具是低碳旅游服务业发展、建设的重要组成部分。因此，也可根据旅游交通工具动态发展的要求，对传统交通工具进行低碳化改造，这也是降低景区碳排放的有效手段。如火车、飞机、汽车、轮船，可以最大限度地使用新能源，减少传统燃料的使用，如使用乙醇燃料、微藻生物柴油，以及生物质热解燃料等新能源，从而降低碳排放量。再如客运索道、观光巴士、游船也可进行低碳化改进。如客运索道可以降低电力产生过程中的碳排放量，也可采用新型生物能源、风能、太阳能；观光巴士可以运用新型燃料；游船可以选择合适航速，改造船体线型，提高动力效率，合理选择发电机组功率，以及优化空调设计等。

2. 交通站点的合理设置

合理设置景区内的交通站点、减少游客行程也是降低旅游交通碳排放的方法之一。主要包括站点设计、建设的低碳化与站点调度低碳化两个方面。站点设计、建设的低碳化，即是在站点设计、建设过程中做好四个方面的工作。首先，站点建设选材的低碳化，即尽量使用无污染的本地建筑材料，例如石材、竹子等。其次，站点选址的合理化，即在合理估算站点附近客流量的基础上，尽量选在客流比较集中的地点，且上下行站点保持一定的距离，错位设置，不能过密、过疏。在站点规模上，合理设计站点的长、宽、高，充分满足游客需要，避免浪费。第三，在站点设施方面，应该配备遮阳棚、座椅、垃圾桶等基础设施，更好地为游客服务。第四，站点可以设置宣传栏，宣传低碳信息，对旅客进行低碳教育。站点调度的低碳化，即是根据景区内多年交通经验，合理设计一个低碳的包括人(游客、员工)、交通工具、技术的一体化站点调度系统，包括调度机构和调度方式两个方面。第一，建立一个负责景区内所有交通工具调动的调度机构。其中，总调度员负责指挥全局，把握景区内整体交通状况，负责各景点间的交通调度；调度站长协助总调度员；景点调度员主要负责景区内交通调度，包括调度人员之间及调度人员和司乘人员之间的信息联系等。第二，形成基于调度通信与决策系统的调度方式。调度通信系统主要是调度人员之间、调度人员和司乘人员之间的通信。为此，景区可为调度人员和司乘人员配备通信终端设备，实现即时通信，传达调度人员的各种交通请求。

3. 景区道路的低碳规划

景区道路的低碳规划也是景区交通低碳经营的一个重要内容，包括两个方面：合理的道路布局和低碳线路组织。道路布局很大程度上决定了交通通达程度，合理的道路布局能降低交通能耗。相关研究表明，拥挤状态下车辆燃油消耗量会多出10%左右。所以道路布局合理与否是影响景区碳排放的重要因素。因此，在旅游景区中为了满足数量众多的游客对景区内交通工具的使用要求，应该改变原来增加路宽来缓解交通压力的做法，通过道路布局的多元化、合理化，减少交通拥堵，减少交通工具运行时间，减少景区内的碳排放量。

景区道路规划的另一重要方面是线路组织。要尽量降低景区的碳排放，线路组织总体上需要遵循两大原则。首先，线路选择应该遵循科学合理原则，尽量避开生态敏感区域，减少对原生态系统的破坏，让游客能够最大限度地享受旅游的过程。其次，线路组织应该遵循最短原则，以便减少交通耗时，降低碳排放量。从两大原则上看，步行道和自行车道是旅游景区的最佳选择。以景区的综合服务区为中心，步行道和自行车道多向设置，向景区的各个方向延伸。其中，步行道可以建设成木栈道或者林荫道的形式。为了节省材料，可以就近取材，架空铺设。在步行道的线路中间，可以在合适的地点设置观景台，方便游客欣赏沿途美景。自行车道则可以在景区土路基础上建设，在将原有土路拓宽、压实后，依照道路地势，营造专用的自行车道。如果能够将自行车道构建成完整的交通网络，无疑能够最大限度地改善景区交通和景区环境。

4. 数字化、智能化运营管理技术的运用

低碳旅游交通的经营也离不开好的数字化、智能化的管理技术，主要包括数字运营、智能管理两个方面。数字运营，就是在景区索道、游船、观光巴士等交通工具的管理中，结合电子技术、条形码技术、自动控制技术、无线传输技术、精密机械加工技术，实现低碳化运营。如观光巴士和电动巴士采用投币式运营，实行统一价格，景区之间和综合服务区可以选择适合的位置建立零钱兑换点。再如，自行车可以采用租赁式运营，在有条件的情况下，使用刷卡方式，按时间收费；或在综合服务区和游览区多设置自行车租赁点，鼓励游客使用。智能管理就是利用智能交通技术管理景区内的交通工具。智能交通系统可以将旅游景区内的交通需求情况可视化，避免低效率的迂回跑、空跑等现象，实现客运合理化，从而降低碳排放。同时，也可以实现道路交通管理的可视化，保证调度政策顺利执行。

第三节　低碳旅游商业开发

旅游商品通常是指旅游者在旅游地购买的具有一定审美与实用价值，体现旅游地风俗人情、地方文化特色的纪念性商品。旅游商业则是以开发、经营旅游商品为主要业务的产业。旅游商业是旅游业的一个重要组成部分，它与旅游吸引物、旅游服务设施、旅游交通共同构成了旅游业的四大支柱。积极开发低碳旅游商品、发展低碳旅游商业不仅能给旅游产业、旅游地带来直接经济效益，也可对旅游产业低碳化发展及旅游产业与旅游地社会，以及文化形象的宣传起到十分重要的作用。

一、当前国内旅游商业发展状况

(一)旅游商品与旅游商业

在旅游界与经济学界有诸多关于旅游商品概念与内涵的界定。张爱国认为：旅游商品并不限于旅游购物品的狭小范围；而是旅游者在旅游购买活动中所需要的实物产品和一系列服务的总和。李艳认为：旅游商品是旅游者在旅游活动过程中购买的物质形态存在的实物，包括旅游纪念品、文物古玩及仿制品、实用工艺品、土特产、特种工艺美术品、旅游日用品。黄继元认为：旅游商品是指旅游者在旅游活动中购买的富有当地民族特色，具有实用性、工艺性、礼仪性、收藏性和纪念意义的以物质形态存在的商品。陈胜容认为：旅游商品是旅游者在旅游活

动中出于非商业性目的而购买的实物性商品，它不包含维持旅游活动所必需的生活用品。以此为基础，笔者认为：旅游商品的购买者是旅游者，购买是出于愉悦的目的，购买的时间是在旅游活动之中；而且，旅游商品是以实物形态存在的，并且具有当地的文化内涵与特色，或者价格优势等。以此为基础，旅游商业则是以旅游商品的开发、经营、销售、购买而展开的服务及以其为主体的产业，即在旅游过程中为旅游者购买旅游商品提供各种服务而形成的商业产业。相对而言，旅游商业与旅游吸引物、旅游服务设施、旅游交通共同构成整个旅游产业的四大支柱，成为旅游产业发展不可或缺的组成部分。

(二)国内旅游商业的发展状况

旅游业是我国经济发展中的新兴产业、朝阳产业。近几年来，我国旅游产业快速发展，取得引人注目的成就。《2017 中国旅游市场趋势观察研究预测报告》数据显示：2015 年我国全年旅游总收入为 4.13 万亿元，同比增长 11%。与此同时，伴随着旅游业的快速、蓬勃发展，旅游商业取得了较快发展，为提高旅游地的经济与社会效益起到了十分重要的作用。但当前国内旅游商业的发展状况有这样一个特点，即旅游商业产值较小，且未能与旅游业同步发展。如 2016 年，我国旅游商业的收入在整个旅游产业总收入中仅占 20%，与世界旅游产业发达国家旅游商业占总收入的 50%相去甚远。而且在北京、南京等一些旅游大都市，旅游购物花费比例不但一直难有突破，甚至低于全国平均水平。由此可见，我国旅游商业发展的速度相比明显滞后于整个旅游产业。我们应当系统地分析我国旅游商业、商品开发中存在的问题，努力培育和完善低碳旅游商品市场。

二、国内旅游商业发展中存在的问题

旅游商业的发展程度是一个国家或地区旅游商业发展深度和广度的重要标志，也是旅游商业发展进程、成熟程度的重要标志。而且作为旅游产业的重要组成部分，旅游商业的发展、旅游商品的经营影响、制约着旅游产业的发展。就当前国内旅游商品市场的情况而言，笔者认为存在以下一些问题。

(一)旅游商品开发无序，造成资源浪费

中国地大物博、物产丰富，诸多自然风景区有许多可开发的地方土特产资源，且具有非常可观的经济价值，受到众多旅游者的青睐。如野生中草药、菌类、动植物资源、矿产资源、民俗产品等。因此在旅游商品开发中，旅游商主体纷纷以地方性资源为主，且以本地商业团体为主。然而，由于我国旅游商品的开发起步较晚，缺乏制度化管制，缺乏统一规划与计划，所以开发主体过多，开发方式原始、粗放、无序，旅游商品主要以其原始状态出现，进而造成地方土特产资源开

发过度、浪费、破坏的后果，且伤及生态环境。如某种药材资源越有经济价值，对这种资源的开发就越厉害，并大多由当地居民无序开发，造成某些地方土特产资源、动植物资源物种的灭绝，对环境造成极大的破坏。

（二）缺乏研发与创新，品种单一

由于我国大多数旅游商品开发处于原始、低层次状态，旅游、经济、文化等相关的专业人士较少参与旅游商品的开发、策划与设计，旅游商品开发往往缺少研发、创新，缺少民族性、地方性及文化的内涵。更由于这种低层次、原始、粗放的开发模式，旅游商品制造者难以根据旅游者的消费水平、文化程度差异、购物习惯来细分目标市场，制造出差异化的商品，所以旅游商品开发陷入设计单调、品种单一的误区。根据笔者调查，我国有些地方的旅游商店里出售的旅游商品一般都是单一的地方产品，如陶瓷、刺绣、雕漆等。即使有些旅游商品的开发有专业人士的参与，但由于设计人员仅限于工艺美术专业，所以设计、开发出的旅游产品大多是工艺品，缺乏特色与创新，难以将旅游商品的纪念性、观赏性、艺术性、知识性、独创性、收藏性糅合在一起，形成具有地方特色，沉淀历史文化底蕴，有新意、有纪念价值的旅游佳品，难以满足旅游者好奇的欲望与购买的要求。

（三）商品雷同，缺乏本地特色

近年来，虽然我国旅游景点建设得到了快速发展，许多旅游景点在国内外游客心目中树立了良好的品牌形象，但是仍有不妥之处。在调查中笔者也发现，有些形象良好的景区、景点的商店主要经营从外地进口的、几乎在全国都能见到的小商品，如玉石、水晶制品、玩具、工艺品，以及中国结、钥匙扣、铜佛、佛珠、瓷娃娃等。这些商品不仅雷同，缺乏本地特色，且质量较差，不但无法增加游客购物的愉悦感、难以引发旅游者购买欲望，而且增加了旅游商品的运输及人力成本，造成堆积、浪费，不利于低碳环保。

（四）包装较差或过度包装，造成资源浪费

在我国旅游商品的开发与经营中还存在两种截然相反的现象，即包装粗糙、无品位与过度包装。有些商家为了减少旅游商品的成本，在商品制造、销售中无包装，或包装较差，导致游客难以携带。而有些商家则为了吸引旅游者注意力、引发购买欲望，不注重产品质量而过度注重包装。如一些糕点，为了显示“档次”，从里到外有很多层包装，塑料薄膜、金属盒、硬纸盒装、纸袋，里三层、外三层，使产品本身失去了原汁原味的质感，且废弃产品包装物造成环境污染，尤其是含有染料、化学成分的外包装还会对环境造成严重破坏。还有的商家为了追求包装档次，一味地采用难以自然降解的塑料、金属、玻璃等材料，增加了成本，增加了商品的重量，增加了运输环境的碳消耗，且难以回收利用。

（五）品牌意识差，产业化程度不高

上述问题存在的原因主要有几方面：旅游商的开发品牌意识差、产业化程度不高、分布不均衡。如许多旅游商品生产企业在研发和生产中不重视品牌建设，或者没把创品牌当作一回事，这使得产品开发缺乏新鲜感，再加上人员缺乏更新、优化和改造意识，以及旅游商品包装水平不高，所以商品对游客吸引力不强。再如有的旅游商品生产厂家规模较小、经营成本低、工艺差、厂房小，难以产出质量高的产品，更谈不上品牌或名牌意识了。甚至有的是加工小作坊，生产出的商品粗制滥造，扰乱了整个旅游商品市场。即使是有一些规模较大的旅游商品开发企业，但其分布也极不均匀。有的一个省就有省级旅游商品定点企业100余家，有的省还不到10家。且各自为政，缺少能够整合统一市场的策略，不能形成比较完备的产业链，导致国内旅游市场上几乎没有叫得响的特色商品。

（六）市场机制不规范，生产与销售脱节

此外，我国旅游商品市场运行机制不规范也是造成旅游商业难以发展的原因之一。比如部分商贩以次充好，以假乱真，甚至采用高回扣等手段使导游人员一天内数次把客人拉进商店，强迫游客购物，兜售伪劣商品，而且同样的商品既在国营商店和宾馆内出售，也在自由市场的小店铺甚至在大街上的小摊出售，然而价格差别相当大。这不仅影响了旅游商品行业的信誉度，也降低了游客对旅游产品的信任度。据中国社会调查事务所在北京、天津、上海、广州、武汉5地对1 000人所做的调查显示：75％的人认为目前中国旅游品的价格偏高，自己难以接受。而且关于旅游商品质量问题的投诉在社会上也屡见不鲜。之所以如此，原因有很多方面。如商家生产的档次较高、具有特色的旅游商品找不到好的市场，游客又找不到理想的旅游商品，造成供需双方都不满意。因此，尽管旅游商品非常丰富，但旅游商品生产和销售环节不能体现游客的需求，游客不易买到自己满意的旅游商品。笔者在调查中发现：有26％的游客因为没碰到想买的商品而放弃购买，有37％的游客因为旅游纪念品的可选择款式太少、没有保留价值和纪念意义、不新颖、不时尚而放弃购买。

总之，出现这些问题是我国旅游商业宏观管理观念、制度滞后的体现，也是旅游商业缺乏大旅游观念的体现。一方面，旅游商品开发、生产、销售缺乏宏观规划与指导，处于自发和无序状态，使得商品开发缺乏研发与创新，品种单一、雷同、缺乏特色，以及品牌意识差、产业化程度不高。另一方面，市场管理滞后，致使市场机制不规范、生产与销售脱节；许多生产、经营条件低劣的集体和个体进入旅游商品的生产和销售行列，于是伪劣商品充斥于市，影响行业形象。这些问题不仅存在于旅游商业、商品设计、生产、销售领域，也体现在整个旅游产业的发展领域之中。因此，我国低碳旅游商业的开发，不仅需要低碳商品的开发，更需要低碳旅游商贸区与商品物流的低碳开发。

三、低碳旅游商品开发

(一)根据市场规律制定低碳旅游商品开发规划

随着低碳旅游产业的兴起，人们对低碳旅游商品的需求也日益增加。因此，必须在遵循市场规律的基础上，积极加大低碳旅游商品的开发、旅游商业的开发与经营。首要任务是仔细研究旅游商品市场规律，并制定低碳旅游商品开发规划。即政府、旅游商家在低碳旅游商品的开发中，积极研究、分析旅游商品的市场规律、旅游群体的消费偏好，以及旅游景点的区域性、文化性特征，在市场、消费者需求、地方文化与资源差异化特性的基础上，制定类型、品种、档次丰富的低碳旅游商品开发规划，开发、制造符合多元化旅游群体审美需要、欣赏习惯、消费需求的旅游商品，获得广大旅游者的青睐和消费市场。

(二)旅游商品开发的科技化、精品化

随着人们生活水平的提高，人们对旅游商品(装饰品、纪念品)的要求逐渐提高，同时鉴于上文所述旅游商品质量粗糙的问题，在今后低碳旅游商品开发过程中，必须重视旅游商品的科技化、精品化。通过当代高新科技运用，通过多方面专业人士的参与，设计、生产出外形、质量、内涵俱佳的旅游商品，以适应旅游者的精神消费的需求，开发工艺先进、质量上乘、外形精美、内涵丰富的工艺品。同时，在旅游商品开发过程中，还应增强旅游商品的环保性和低碳性。

(三)商品资源、材料使用、包装的低碳化

旅游商品的低碳开发是低碳旅游产业发展中最为重要的环节。为了降低商品开发中的碳排放量，应该做好旅游商品资源开发、材料使用、包装等方面的低碳化。如：在旅游地自然资源的开发中，注意原材料与资源运用的低碳开发；在旅游商品开发过程中，制定合理开发的原则和规章，规范开采秩序，通过监管和控制，防止出现过度和无序开采的现象，以及以牺牲环境为代价来换取眼前的经济利益的做法。同时，做好对当地居民、游客的宣传教育工作，增强自然环境保护意识，加大资源管理与保护的力度。此外，旅游商品的绿色、低碳化包装也是旅游商品低碳化发展的重要环节。绿色包装(green package)指对生态环境和人类健康无害，能重复使用和再生，符合可持续、低碳发展的要求的包装。所以，可以根据当地实际情况，选择荷叶、木纸、蒲包等纯天然、无污染的包装用品，既低碳环保，又让游客产生别样消费感受。另外，旅游商品包装还可以选择对人体无毒无害的环保型包装材料。而且，应当适度包装，减少不必要的繁复包装设计，

尽可能做到重复利用或易于回收再生。

(四)突出地方人文特色，加强品牌建设

鉴于上文所述问题，在旅游商品的低碳开发中一定要注意结合地方人文特色与品牌建设。第一，立足旅游地的自然资源和人文历史特点，积极开发具有更多的文化特色与内涵的旅游商品。为了实现这一目标，可邀请旅游、历史、文化、科技、营销等相关学科的专家、规划设计单位、旅游商家积极参与旅游商品的开发，通过他们的参与，使得旅游商品的市场调研、商品设计、样品开发、市场开发、正式上市等整个过程更加科学、规范，符合市场规律，从而打造出具有突出地方、文化、历史特色与内涵的低碳旅游商品，并努力将商品的地域性、民族性、文化性特征与商品的使用价值、纪念价值有机结合起来，满足旅游者的需求，促进低碳旅游商品产业的可持续发展。第二，低碳旅游商品的开发还应树立品牌建设的意识，在准确把握旅游活动与产业的新特点、新时尚和新趋势的基础上，树立牢固的品牌概念，开发出精品化、低碳化的旅游商品，以满足日新月异的旅游商业市场需求。而这不仅要求我们在不断收集和利用市场反馈信息的基础上，紧跟时代发展潮流，开发出一系列新商品，还要在改造好老字号、老品牌，保证产品质量的基础上，推出一系列具有中国特色、地方特色的旅游商品品牌。

(五)培育和完善旅游商品营销网络

低碳旅游商业的发展，还在于低碳旅游营销网络的培育、完善。第一，加大低碳旅游商品的开发力度，培育和完善低碳旅游商品供给市场。第二，加强低碳消费理念、低碳生活模式的宣传，让广大民众具备低碳消费的理念，逐步引导、扩大旅游者低碳消费的需求与愿望。第三，积极培养低碳化的旅游商品流通、经销、营销和推销网络，培育、完善低碳旅游商品流通交易市场，形成正常的产、供、销关系和网络。

(六)低碳旅游商品开发的制度化

制度是产业成功发展的基础。我国低碳旅游产业、商业是一个政府主导发展的新兴产业，故低碳旅游商品开发、商贸区经营离不开合理、优化的制度的支持。因此，为了使低碳旅游商业、低碳旅游商品、低碳旅游商贸区有一个稳定、合理的发展与营销环境，政府必须在学习、研究、借鉴国内外低碳旅游商品业成功发展经验的基础上，制定出台合理有效的关于低碳旅游商业发展的规划，在政策、技术、管理、培训、资金等方面给予低碳旅游产业支持。第一，在国家政策许可的范围内，积极从工商、税收、价格、贷款等方面给予低碳旅游商品开发、生产和销售一定的优惠和扶持；第二，根据低碳旅游商品开发、生产企业的规模、资金筹措能力，从财政支出中划出一定资金建立低碳旅游商品开发风险基金，以促

进低碳旅游商品的开发和生产，尤其对名牌低碳旅游产品的培育应给予一定的资金扶持；第三，各级政府、有关部门应统一思想、提高认识，从低碳旅游商品发展规划、政策指导、信息咨询、科技开发、招商引资、市场培育等方面，为低碳旅游商品生产和销售企业提供服务支持，为旅游商品发展创造一个良好的环境和条件；第四，政府还应出台奖励政策、措施，对低碳旅游商品开发有突出贡献的企业、个人予以奖金和荣誉称号，而且可推出低碳旅游商品开发的典型代表，在旅游商业行业中推广其先进做法，引领低碳旅游商业发展的风潮；第五，为了保证低碳旅游商品的质量，应该对旅游商品设计、生产、销售企业和机构，以及旅游商品加以规范和管理，并实行相应的质量认证制度，进而树立良好的市场形象，从而使得旅游商品生产、供应和销售渠道通畅，形成产、供、销一体化，旅游商品设计系列化，旅游商品生产规模化，旅游商品品牌化，旅游购物环境优质化，达到旅游经济效益最大化；第六，低碳旅游商品开发的标准化。低碳旅游商品、商贸区的开发、经营涉及多种行业和企业。因此，旅游商品、商贸区的低碳化管理和经营应结合国家已出台的相关规定，制定统一、标准化的规范。管理部门应与同行业企业一起通过细分服务环节，对低碳商品、商贸区的服务细节做出标准化的透明承诺，对进驻商贸区的企业制定统一的标准。

（七）加大旅游商品开发和营销人才的培养

提高旅游商品的设计水平与质量是当前旅游商品开发的关键。因此为了实现这一目标，要有一批有实力、有水平的旅游商品开发设计队伍，不断设计出有新意、有品位、有地方特色的旅游商品。因而，必须加大旅游商品开发与营销人才的培养，在有条件的高等院校开设旅游商品开发专业或方向，为我国旅游商品的低碳开发培养一大批开发与营销人才。

四、低碳旅游商贸区开发

（一）积极培育动态旅游商贸区

旅游商贸区是旅游商业发展的依托，也是旅游商品流通、销售的重要载体。低碳旅游商贸区的开发、培育、发展也是低碳旅游商业开发、经营中一个不可忽视的重要领域。因此，在低碳旅游商品的生产、开发中，旅游商品开发企业还需要与工艺美术协会、旅游局、文物部门配合，在充分研究和分析旅游市场消费需求的前提下，克服我国目前商品交易零散的现状，在旅游区适当建立一些功能完善的低碳旅游商品交易中心，或举办低碳旅游商品交易活动，促进低碳旅游商品向市场化和信息化方向发展，或者在旅游区、旅游景区、景点搭建低碳旅游商品交易平台，通过动态旅游商贸区的培育、规模化营销，促进低碳旅游商品的产业化发展。

(二)入驻企业的低碳化经营

低碳旅游商贸区内有较多的企业，主要包括旅游商品零售商、百货超市、餐饮住宿企业、休闲娱乐企业等。因此，为了加强低碳商贸区的经营，入驻低碳旅游商贸区的企业应当遵守商贸区的总体要求，努力做到低碳化经营，从而降低能源消耗，减少商贸区的碳排放量。第一，尽量减少一些不必要的能源消耗。企业应该做好照明、空调、电梯及其他耗能设备的节能工作，加强能耗管理，减少废物的排放。如使用节能灯具、变频空调、节能型冷藏设备、自动控制扶梯等节能设备和技术。再如，将商场和超市中空调温度调节到节能的状态，减少不必要的能源浪费。第二，加大节能设备的改造和投资，引进新技术，提高能源的利用效率，以较少的能源消耗创造更多的财富，从而间接降低自身的能源消耗。第三，利用可再生能源、清洁能源，鼓励使用太阳能、风能、水能等可更新能源技术，合理利用常规能源，采用节能技术提高能源的利用率，建设新型的低碳旅游能源供应系统。第四，采用新科技优化商业流程，把节能减排落实到经营的各个环节。第五，营造低碳经营、旅游、消费的氛围。商贸区内必须加大低碳理念的教育宣传力度，让经营者、游客充分理解低碳理念、感受低碳生活，从而引导商贸企业、游客形成低碳经营、旅游、消费的观念，培养旅游者的社会责任感，承担履行环境保护的责任，增强低碳行为的使命感和认同感。

五、旅游商贸物流业的低碳经营

(一)建立低碳旅游商贸物流制度体系

商贸物流是低碳旅游商业发展的重要组成部分。低碳旅游商业开发与经营也需要商贸物流业的低碳化经营。为此，首先应该完善低碳商贸物流制度，建立低碳合理的商贸物流体系与机制。2005 年，我国政府在国际气候环境会议上做出了降低碳排放量 40%～50%的承诺。因此，要实现这一预期的目标，旅游商贸物流的低碳经营是一个不可或缺的领域。因而，应当根据当前我国旅游商业物流的具体发展情况，尽快建立一系列低碳体制，通过旅游商品、物流节能减排意识的强化，低碳经营理念的更新，积极改变物流业发展模式，实现旅游商业物流的低碳发展。

(二)完善低碳旅游商贸物流管理机制

在建立低碳旅游商贸物流制度的基础上，应当完善旅游商贸物流的管理机制，降低碳排放量。如在低碳商贸物流运输管理手段上，优化运输线路，选择高效运输方式，运用智能交通管理系统，减少运输工具的空驶率、空转率，提高运行效率，降低商品运输的碳消耗、碳排放量。再如，根据货物运输特点，选择节约、低能耗铁路货物运输，或者通过提高包装重复使用率、优化仓储设施布局、增加单位运量、采用电动环保车辆、采用环保冷藏运输方式等手段，减少商贸物流业成本，间接降低碳排放量，等等。第三，政府部门严格控制高耗能、高排放物流业发展，促进旅游商贸物流业的低碳化发展。

(三)实现旅游商贸物流业的信息化建设

针对旅游商贸物流企业信息技术水平较低的问题，以及大多数旅游商贸物流企业不重视信息技术开发和应用的问题，以及旅游商贸物流领域中信息技术应用水平较低，物流装备和设备、设施智能化和自动化水平不高的情况，为了降低旅游商贸物流的碳排放量，应当积极鼓励当代旅游商贸物流企业运用条形码技术、全球定位系统、企业资源计划系统等信息化的物流管理技术，提高物流的效率，降低运输过程中的碳排放量。同时，针对旅游商贸物流缺乏公共信息平台、物流信息化建设滞后、物流系统效率和规模化运作水平较低而造成机动车空载率高、无效碳排放增加的情况，应当大力加强旅游商贸业的信息化建设，降低物流能源消耗和碳排放量，促进节能减排。

(四)加快旅游商贸物流业的低碳能源与燃料的使用

我国旅游商贸物流业整体规模不大，各自为政，并存在无序发展和竞争的情况。而且由于旅游商贸物流运输工具基本使用传统石化能源、燃料(柴油和汽油为主)，不仅能源消耗量较多(载货汽车百千米油耗为 7.6 L，比国外发达国家高出 1 倍以上)，而且存在碳排量较高、污染较大的问题。因此为了降低旅游商贸物流业发展中的能源消耗与碳排放量，达到节能减排的目的，应当积极采用低碳能源与燃料(如天然气、太阳能、电力等新型环保低碳能源)，在节能和提高能效的同时，有效地控制温室气体的排放。

参考文献

References

[1] [美]奥萨利文．休闲与游憩：一个多层级的供递系统[M]. 张梦，译．北京：中国旅游出版社，2010.

[2] [美]巴里·康芒纳．封闭的循环：自然、人和技术[M]. 侯文蕙，译．长春：吉林人民出版社，1997.

[3] 班武奇，韩景辉．中国旅游资源[M]. 北京：首都师范大学出版社，1994.

[4] [德]沃尔夫刚·贝林格．气候的文明史：从冰川时代到全球变暖[M]. 史军，译．北京：社会科学文献出版社，2012.

[5] 蔡博峰，冯相昭，陈徐梅．交通二氧化碳排放和低碳发展[M]. 北京：化学工业出版社，2012.

[6] 陈丹燕．我的旅行哲学[M]. 杭州：浙江文艺出版社，2014.

[7] 陈鼓应．道家的人文精神[M]. 北京：中华书局，2012.

[8] 陈鹤．气候危机与中国应对：全球暖化背景下的中国气候软战略[M]. 北京：人民出版社，2010.

[9] 陈美球，蔡海生．低碳经济学[M]. 北京：清华大学出版社，2015.

[10] 陈泮勤．地球系统碳循环[M]. 北京：科学出版社，2004.

[11] 陈伍香．旅游目的地低碳化发展动力机制研究[M]. 北京：旅游教育出版社，2013.

[12] 陈映秋，董文良．低碳航运经济学[M]. 哈尔滨：哈尔滨工程大学出版社，2013.

[13] 程明道．气候变化与社会发展[M]. 北京：社会科学文献出版社，2012.

[14] 崔亚伟，梁启斌，赵由才．可持续发展——低碳之路[M]. 北京：冶金工业出版社，2012.

[15] [美]赫尔曼·戴利，[美]肯尼斯·汤森．珍惜地球：经济学·生态学·伦理学[M]. 马杰，译．北京：商务印书馆，2001.

[16] 冯沪祥．人、自然与文化——中西环保哲学比较研究[M]. 北京：人民文学出版社，1996.

[17] 冯学钢，黄成林．旅游地理学[M]. 北京：高等教育出版社，2006.

[18] 冯友兰．中国哲学简史[M]. 涂又光，译．北京：北京大学出版社，2012.

[19] 甘枝茂．马耀峰．旅游资源与开发[M]. 天津：南开大学出版社，2007.

[20] 高庆华，苏桂武，等．中国自然灾害与全球变化[M]. 北京：气象出版社，2007.

[21] [美]查尔斯·R·格德纳，布伦特·里奇．旅游学[M]. 李天元，徐虹，黄晶，译．北京：中国人民大学出版社，2014.

[22] 葛全胜，方修琦，等．中国碳排放的历史与现状[M]. 北京：气象出版社，2011.

[23] 顾雪松．旅游传播与少数民族乡村的变迁：对西江千户苗寨的多维度研究[M]. 北京：中国书籍出版社，2013.

[24] 何玉宏．汽车社会与城市交通：交通社会学的探索[M]. 上海：上海生活·读书·新知三联书店，2012.

[25] 胡静，谢双玉．中国旅游业发展报告[M]. 北京：中国旅游出版社，2014.

[26] 雷毅．深层生态学思想研究[M]. 北京：清华大学出版社，2001.

[27] 李西建．消费时代审美问题研究[M]. 北京：商务印书馆，2013.

[28] 李享．休闲与旅游统计研究[M]. 北京：中国旅游出版社，2008.

[29] 罗桂环，杨朝飞，等．中国环境保护史稿[M]. 北京：中国环境科学出版社，1995.